# 현명한
# 지표
# 투자

업종 지표의 방향이
곧 기업 이익의 방향이다

# 현명한 지표 투자

고재홍(재콩), 새로운길 지음

이레미디어

이 책은 투자의 세계에서

오랜 시간 함께한 재콩과 새로운길,

이 두 명의 투자 여정이자 기록입니다.

투자의 세계에서 행복한 미래를 꿈꾸는 이들에게

이 책을 바칩니다.

# 투자의 기본은
# 이익이 증가하는 기업을 찾는 것이다

투자를 단순화하면 "좋은 기업을 싸게 사는 것"이라고들 말합니다. 공감합니다. 다만 '싸고 좋은 기업'의 의미가 그리 단순하지는 않습니다. 투자자마다 시각도, 평가 기준도 다릅니다. '싸고 좋은 기업'의 기준을 보유 유형자산 또는 현금성 자산으로 잡을 수도 있고, 실적 이면의 미래 가치로 잡을 수도 있습니다. 이익 증가라는 실적 기반으로도 접근할 수 있습니다.

투자의 세계에는 다양한 관점과 기준이 있습니다. 저는 투자의 기본은 '이익이 증가하는 기업을 찾는 것'이라는 전제 아래 이야기를 시작해보려고 합니다.

이익이 증가한다는 것은 두 가지 의미를 갖고 있습니다. 현재 좋은 실적이 앞으로도 꾸준히 이어진다는 의미이기도 하고, 현재는 부진하나 앞으로 이익이 회복된다는 의미이기도 합니다.

그럼 기업 이익이 증가한다는 것은 어떻게 확인할 수 있을까요? 우선 기업에 집중해야 합니다. 그리고 기업 이익에 영향을 주는 핵심 요소(Key Factor)를 파악하고 있어야 합니다. 다시 말해 기업이 영위하는 비즈니스 모델(BM)을 잘 이해하고 있어야 합니다.

비즈니스 모델, 핵심 요소…. 이런 이야기를 하면 기업 분석이 굉장히 어렵고 별개 세상의 일인 것만 같습니다. 하지만 기업을 분석함에 있어 중요한 것은 상식에 기반한 접근입니다. 예를 들어 라면을 생산하는 삼양식품을 분석한다고 가정했을 때 이런 질문을 던질 수 있습니다.

'라면 수출금액이 늘어나면 실적이 증가하지 않을까?'

'라면을 만드는 재료는 밀가루니까 밀 가격을 체크하면 원가 부담이 늘어날지 감소할지 알 수 있지 않을까?'

이것이 상식적인 접근입니다. 실제 라면 수출금액과 밀 가격을 살펴보면 삼양식품의 실적 방향을 확인할 수 있습니다.

면세점 사업을 하는 호텔신라를 분석한다고 가정해 보겠습니다. '1위 면세점 기업이니 면세점 매출액을 알면 실적을 알 수 있지 않을까?' 덧붙여 '중국인 방문자 수를 알면 실적이 좋아질지 나빠질지 알 수 있지 않을까?'라고 말이죠. 역시 상식적인 접근입니다. 실제 면세점 매출액, 중국인 방문자 수를 살펴보면 호텔신라의 실적 방향을 확인할 수 있습니다.

이처럼 기업 분석은 머나먼 동굴 어딘가 숨겨진 보검을 찾는 것이 아닙니다. 상식에 기반하는 것이 기업 분석에 있어 중요한 첫걸음인 것이죠. 그리고 기업의 핵심 내용은 사업보고서에 정리되어 있습니다. 기업을 차근차근 이해해 나가는 것이 중요합니다. 무엇보다 기업이 만들어 내는 이익에 집중할 필요가 있습니다.

　기업 이익에 대한 이야기를 이어 나가 보겠습니다.

　매출에서 비용을 제외하면 이익이 됩니다. 기업이 이익을 만드는 방식은 다양합니다. 매출 증가가 이익 증가로 이어지는 유형이 있고, 원재료 가격 상승에 따른 제품 가격인상으로 이익을 증대하는 유형이 있습니다. 또한 원재료 가격이 하락하면 제품과 원재료 간 스프레드로 인해 이익이 증가하는 유형도 있습니다. 기업마다 이익 유형이 다양한 이유는 기업은 한자리에 고정되어 있지 않고 부단히 움직이는 생물과 같기 때문입니다. 기업이 속한 업종 방향에 따라, 전방산업 흐름에 따라 이익 방향이 달라집니다. 또한 업종의 업 다운 사이클에 따라 제품 가격을 인상할 수도 있고 인상하지 못할 수도 있기 때문에 기업의 이익 유형은 시기에 따라 변화하기도 합니다.

　예를 들어 컬러 강판을 생산하는 포스코강판의 전방산업은 자동차와 가전입니다. 컬러 강판은 냉연 가격의 영향을 많이 받습니다. 자동차와 가전 업황이 부진한 상황에서 냉연 가격이 상승하면 포스코강판은 이익이 감소하게 됩니다. 반대로 자동차와 가전 업황이 개선되는 상황에서 냉연 가격이 상승하면 오히려 컬러 강판 가격을 인상해서 이익

냉연 가격 상승 → 자동차/가전 업황 부진 → 컬러 강판 가격 그대로 → 포스코강판
이익 감소
냉연 가격 상승 → 자동차/가전 업황 개선 → 컬러 강판 가격 인상 → 포스코강판 이
익 증가

이 증가하는 모습을 보입니다.

합성고무를 생산하는 금호석유는 전방산업이 타이어와 자동차입니다. 원재료인 부타디엔의 가격이 상승하는 상황에서 전방산업인 타이어 수요가 줄어든다면 이익은 감소하게 됩니다. 반대로 타이어와 자동차 판매가 증가한다면 부타디엔 가격 상승분을 합성고무 제품 가격에 반영해서 이익이 증가할 것입니다.

기업은 생물처럼 변화무쌍합니다. 수요와 공급에 따라 이익이 증가하고 감소합니다. 그래서 기업만 분석하기보다는 기업에 대한 이해를 전제로 기업이 속한 업종 방향을 같이 살펴볼 필요가 있습니다. 한 예로 저PER 기업임에도 주가가 지속 하락하는 경우를 볼 수 있습니다. 저 역시 PER이 3배, 4배밖에 안 되는 기업의 주가가 왜 하락하는지 도무지 이해가 되지 않던 시기가 있었습니다. 그러나 고개를 들어 기업과 기업이 속한 업종 방향을 같이 보면 조금씩 이해가 됩니다.

기본은 기업을 이해하는 것입니다. 잊지 말아야 할 것은 기업과 업종 방향은 별개가 아니라는 점입니다. 업종이 움직이는 업 다운의 사이클을 함께 보는 것은 투자에 있어 매우 중요합니다. 업종 방향은 결국 기업의 방향이며, 업종 방향을 알려 주는 업종 지표는 결국 기업의 지표이자 기업 이익의 방향입니다. 업종 지표를 본다는 것은 기업 실적을 확인한다는 말과 같습니다. 자동차 판매 수는 자동차 업종의 방향을 보여 줍니다. 동시에 이 지표는 현대차와 기아 실적 방향과 같습니다. 화장품 수출금액은 화장품 업종의 방향을 보여 주는데요. 아모레퍼시픽과 LG생활건강 같은 화장품 기업의 실적 방향과 같은 곳을 바라봅니다. 메모리반도체 DRAM과 NAND 가격 방향은 삼성전자와 SK하이닉스 실적 방향과 다르지 않습니다.

지금까지 이야기를 요약하면 이익이 증가하는 기업을 찾는 것은 다양한 투자 방식 가운데 가장 중요한 접근 방식입니다. 이익 증가 기업을 찾기 위해서는 비즈니스 모델을 이해하고 기업 이익에 영향을 주는 핵심 요소를 파악하는 것이 중요합니다. 멀리서 찾을 필요는 없습니다. 상식에 기반한 접근 그리고 사업보고서를 통한 접근이 출발점입니다. 여기서 한걸음 더 나아가 해당 기업이 속한 업종 흐름을 이해하는 것이 중요합니다. 기업의 제반 환경은 매번 변화합니다. 이 변화를 이해하기 위해서는 업종 흐름을 살펴봐야 합니다. 업종의 흐름은 업종 지표를 통해 확인할 수 있습니다. 업종 지표는 기업 지표와 별개가 아니며, 오히려 기업 실적 방향과 다르지 않다는 것을 기억할 필요가 있습니다.

업황이 개선되는 기업을 찾아서 투자한다면 투자 성과는 어떨까요? 모두 궁금하리라 생각합니다. 지난 몇 년간 제게 있어 가장 큰 관심거리이기도 했습니다.

업황이 개선되는 기업을 찾기 위해서는 정의와 분류 그리고 기준이 필요합니다. 업종을 정의하고 업종 지표를 분류하는 작업, 나아가 보다 정확한 업황 판단을 위해 업종과 업종 지표를 세분화하는 작업이 필요합니다. 이 작업 기준에 맞게 기업을 분류하고, 기업과 업종 지표 간 상관관계를 정리해야 합니다. 나아가 실제 업황이 개선되는 시기에 기업 이익이 증가하고 주가가 상승하는지를 직접 확인하고 증명해야 합니다. 그리고 무엇보다 증명한 투자 방법을 실제 투자로 활용할 수 있도록 투자 활용법을 제시하는 과정이 필요합니다.

지난 몇 년간 이 작업을 진행했습니다. 이 책은 지난한 작업의 결과물로 업황이 개선되는 기업, 즉 이익이 증가하는 기업을 찾는 방법과 실질적인 투자 활용법을 자세하게 설명합니다. 다소 길게 느껴질 수 있지만 분명 흥미로울 것입니다. 이제 본격적으로 업종 이야기를 해 보겠습니다.

# 차
## 례

## Chapter

# 1

## 지표 개선 기업 찾아내는 법

**Chapter**

# 2

## 투자에 활용하는 법

# Chapter

# 1

# 지표 개선 기업 찾아내는 법

1부에서는 총 8개 업종을 다룹니다. 투자자로서 알아야 할 업종별 관전 포인트와 주요 이슈를 논하고 업종 지표에 대해 설명합니다. 이 과정에서 사업보고서를 통해 기업 실적을 파악하는 방법, 관세청, 무역협회, 통계청 등을 통해 다양한 지표를 직접 확인하고 활용하는 사례도 들여다봅니다. 그리고 보다 유용한 지표 활용을 위해 업종을 세분화해서 섹터로 구분하고, 섹터별 지표 활용법을 제시합니다. 예를 들어 건설 업종은 대형 건설, 주택, 토목, 시멘트 등으로, 자동차 업종은 완성차, 자동차 부품, 타이어, 2차전지 셀, 2차전지 소재 등으로 구분합니다. 섹터별 주요 지표를 제시하고 업황 방향을 판단할 수 있는 지표를 이야기합니다.

# 1장

# 식품

한때 불닭볶음면이 유행하면서 삼양식품의 실적과 주가도 큰 폭으로 상승했습니다. 매운맛을 좋아하는 초등학생 아들이 사 온 불닭볶음면을 보고 투자했다는 전설 같은 이야기도 들리고, 삼양식품 공장가동률이 높아진다는 뉴스에 관심을 가져 관세청 사이트에서 라면 수출금액을 확인하고 투자했다는 이야기도 회자되곤 합니다. 사실 누군가 한마디했다고 인사이트가 갑자기 생겨나지는 않습니다. 핵심은 삼양식품이 어떤 사업을 하고 있는지 그리고 실적이 어떠한지를 파악하는 것입니다. 이것을 파악하고 정확히 분석할 때 인사이트는 생겨납니다. 삼양식품을 이야기한 김에 이 기업을 예로 들어 지금부터 식품 업종을 들여다보겠습니다.

# 기업의 핵심 정보는
# 사업보고서에 있다

업종을 들여다보는 창구는 사업보고서입니다. 가장 손쉽게 그리고 가장 정확하게 기업을 이해할 수 있기 때문입니다.

[그림 1-1]은 2020년 삼양식품 사업보고서입니다. 라면이 전체 매출액에서 91% 비중을 차지하고 있습니다. 당연한 이야기지만 라면 매출액 비중이 가장 높습니다. 그렇다면 라면 산업의 이익 구조는 어떨까요? 우선 '가격'을 확인할 필요가 있습니다.

[그림 1-2]는 라면 품목별 단가 추이입니다. 2020년까지 삼양식품은 라면 가격을 인상하지 못했으나 2021년 9월, 밀 가격이 급등하면서 제품 가격을 인상했습니다.

가격 다음으로 봐야 할 것은 원가입니다. 만드는 데 드는 비용을 알아야 이익률이 좋은지 나쁜지 알 수 있습니다. [그림 1-3]은 원재료 가격 추이입니다. 전용 5호, 강력 1급은 밀가루입니다. 다행히 밀가루 가격은 2020년까지 안정된 모습을 보여 주고 있습니다.

**가. 주요 제품**

당사 및 종속회사의 2020년 매출액에서 각 제품별 비율은 다음과 같습니다.

(단위 : 백만원, %)

| 사업부문 | 매출유형 | 품 목 | 구체적 용도 | 수매총액(비율) |
|---|---|---|---|---|
| 식품의<br>제조및<br>판 매 | 제품 | 면 | 주식 및 간식 | 591,060(91.1%) |
| | | 스낵 | 기호식 | 23,709(3.7%) |
| | | 유제품 | 기호식 | 11,690(1.8%) |
| | | 조미소재·소스 | 기호식 | 21,108(3.3%) |
| | | 기타 | 부식 외 | 6,750(1.0%) |
| | 상품 | 면 | 주식 및 간식 | 19(0.0%) |
| | | 스낵 | 기호식 | 1,307(0.2%) |
| | | 유제품 | 기호식 | 8,835(1.4%) |
| | | 조미소재·소스 | 기호식 | 4,505(0.7%) |
| | | 기타 | 부식 외 | 4,045(0.6%) |
| 용역 | | | 후레이크선별 외 | 889(0.1%) |
| 기 타 | | | | 535(0.1%) |
| 매출 에누리등 | | | | △25,945(△4.0%) |
| 합 계 | | | | 648,506(100.0%) |

[그림 1-1] 삼양식품 사업보고서(2020년)

(단위: 원)

| 품 목 | 제 60 기 | 제 59 기 | 제 58 기 |
|---|---|---|---|
| 삼양라면 | 23,628(120G*40) | 23,628(120G*40) | 23,628(120G*40) |
| 불닭볶음면 | 30,272(140G*40) | 30,272(140G*40) | 30,272(140G*40) |
| 큰컵삼양라면 | 12,848(115G*16) | 12,848(115G*16) | 12,848(115G*16) |
| 큰컵불닭볶음면 | 16,104(105G*16) | 16,104(105G*16) | 16,104(105G*16) |
| 짱구 | 22,440(115G*24) | 22,440(115G*24) | 22,440(115G*24) |

[그림 1-2] 삼양식품 라면 품목별 단가 추이(2020년)

하나 더 중요한 게 남아 있습니다. 바로 수출 실적입니다. 라면의 내수와 수출 매출 비중[그림 1-4]을 보면 내수는 정체되어 있는 데 반해 수출은 지속적으로 증가하고 있습니다.

사업보고서를 펼쳐 보니 어떤가요? 중요한 정보가 다 담겨 있지 않나요? '주요 제품은 라면이고 2020년까지 라면 제품 가격은 동결 상태

| | | | | (단위: 원/KG) | | |
|---|---|---|---|---|---|---|
| 회사명 | 사업부문 | 구분 | 제 60 기 | 제 59 기 | 제 58 기 | |
| 삼양식품(주) | 면 스 낵 | 전용5호 | 751.70 | 760.45 | 787.85 | |
| | | 강력1급 | 728.17 | 727.06 | 753.55 | |
| | | 변성전분 | 1,234.42 | 1,159.08 | 1,151.84 | |
| | | 타피오카 | 768.07 | 795.01 | 725.28 | |
| | | 팜유 | 1,061.03 | 921.55 | 970.33 | |
| | 조미소재 | 탈지대두 | 771.82 | 725.67 | 709.00 | |
| | 유가공 | 원유 | 1,125.54 | 1,127.86 | 1,100.56 | |
| (주)삼양프루웰 | 판지제조 | KA원지 | 413.9 | 443.71 | 528.49 | |
| | | K원지 | 326.19 | 368.99 | 438.61 | |
| | | 백원지 | 568.87 | 592.34 | 611.83 | |

[그림 1-3] 삼양식품 라면 원재료 가격 추이(2020년)

| | | | | | | (단위 : 백만원) |
|---|---|---|---|---|---|---|
| 사업부문 | 매출유형 | 품 목 | 제61기 3분기 | 제60기 3분기 | 제60기 | 제59기 |
| 식품의 제조및 판매 | 제품 | 면스낵 수 출 | 261,932 | 279,148 | 360,591 | 268,720 |
| | | 내 수 | 172,560 | 192,287 | 254,178 | 244,199 |
| | | 합 계 | 434,492 | 471,435 | 614,769 | 512,919 |
| | | 유제품 수 출 | 0 | 52 | 61 | 93 |
| | | 내 수 | 7,797 | 9,049 | 11,629 | 12,659 |
| | | 합 계 | 7,797 | 9,101 | 11,690 | 12,752 |
| | | 소스·조미 소재 수 출 | 5,478 | 4,335 | 6,448 | 70 |
| | | 내 수 | 9,731 | 11,546 | 14,660 | 9,588 |
| | | 합 계 | 15,209 | 15,881 | 21,108 | 9,658 |
| | | 기타 수 출 | – | – | – | 19 |
| | | 내 수 | 920 | 5520 | 6,750 | 4,318 |
| | | 합 계 | 920 | 5520 | 6,750 | 4,337 |

[그림 1-4] 삼양식품 라면 수출·내수 매출 비중(2020년)

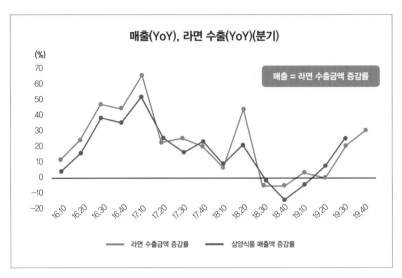

[그림 1-5] 매출과 수출 간 상관관계(출처: 관세청, 농촌경제연구원)

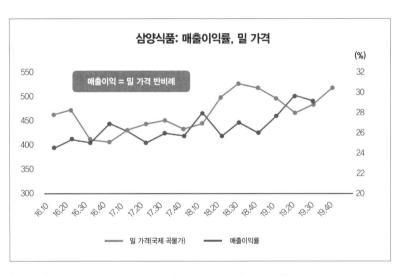

[그림 1-6] 매출이익률과 밀 가격 간 상관관계(출처: 관세청, 농촌경제연구원)

이다. 원재료 비중이 가장 높은 건 밀가루이고 2020년 평균가로 보면 안정적인 모습을 보이고 있다. 그리고 라면 수출 비중이 점차 확대되고 있다.' 따라서 이렇게 생각해 볼 수 있습니다. '라면 수출 지표를 알면 매출액의 방향을 알 수 있다.'

원재료는 밀가루 가격의 방향과 연결됩니다. 특히 국제곡물 가운데 소맥(밀)의 가격 영향을 받습니다. 즉 라면 수출금액과 소맥의 가격을 알면 삼양식품 같은 라면 기업의 실적을 추정할 수 있다는 결론을 내릴 수 있습니다. 이것이 기업 분석입니다. 상식적으로 접근해야 합니다.

실제 삼양식품 매출액과 라면 수출금액을 비교해 보면 동행한다는 것을 알 수 있습니다. 만약 밀 가격이 상승한다면 어떨까요? 매출이익률이 하락할 겁니다. 반대로 밀 가격이 안정화되면 매출이익률이 상승할 것입니다.


## 관세청과 친해지자

식품 업종의 핵심 지표 가운데 하나는 수출 지표입니다. 수출 지표를 확인하는 방법은 생각보다 간단합니다. 관세청에 접속해서 HS코드 (수출 코드)를 입력하기만 하면 됩니다. 관세청에서는 매월 15일에 전월 기준 수출금액을 품목별·국가별로 보여 줍니다. 우리나라 기업들의 수출 비중이 높다는 점에서 매우 유용한 사이트입니다. 즉 관세청과 친해진다는 것은 강력한 무기를 하나 얻는 셈입니다. 참고로 라면의 수출

**[그림 1-7] 수출 기업 실적 확인하기(출처: 관세청)**

코드는 '1902 30 1010'입니다.


# 국제곡물 가격 방향은
# 식품 업종 방향을 알려 준다

식품 업종에서 또 하나 중요한 지표는 밀 가격, 즉 국제곡물 가격지표입니다. 흔히 불리는 '4대 국제곡물'로 옥수수, 소맥, 대두, 원당이 있습니다. 옥수수는 사료와 전분당, 소맥은 밀가루와 사료, 대두는 식용

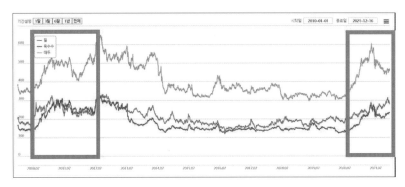

[그림 1-8] 옥수수, 소맥, 대두 가격 추이(2010~2021년)(출처: 농촌경제연구원)

유와 대두박, 원당은 설탕에 사용됩니다. 즉 옥수수, 소맥, 대두, 원당의 가격이 상승하면 이를 원재료로 하는 식품 가격에도 영향이 있을 수밖에 없습니다. 만약 이때 따라서 식품 가격을 인상한다면 실적은 개선될 것이고 그렇지 못한다면 고전을 면치 못할 것입니다. 그래서 시장은 국제곡물 가격과 식품 기업의 제품 가격인상 시기를 항상 주시합니다.

국제곡물 가격의 방향을 알려 주는 사이트는 농촌경제연구원입니다. 2010년부터 2021년까지의 옥수수, 소맥, 대두 가격 추이[그림 1-8]을 보면 가격 급등 이후 오랜 시간 안정화를 보였음을 알 수 있습니다. 그러다 코로나 이후인 2020년 하반기부터 다시 급등했습니다. 10년 주기인 셈인데요. 이때 발맞춰 대다수 식품 기업이 제품 가격을 인상했습니다.

앞서 말했듯 제품 가격을 인상했으니 두 가지 방향을 고려할 수 있습니다. 하나는 국제곡물 가격이 떨어지는 것입니다. 이때 시장은 식품 업체의 이익이 증가할 거라는 기대감을 가질 겁니다. 반대로 국제곡물 가격이 재차 상승하면 어떨까요? 시장은 식품 업체가 과연 또 제품 가격인상을 할 수 있을까 하는 우려를 내비칠 것입니다.

지금까지 관세청을 통해 수출 지표를 확인하는 방법과 국제곡물 가격을 확인하는 방법을 살펴보았습니다. 과연 라면 기업에만 국한되는 이야기일까요? 당연히 그렇지 않겠죠? 수출 기업이라면 공통적으로 접근할 수 있는 방법입니다. 담배 시장도 다르지 않습니다.

# KT&G 주가가
# 지지부진한 이유

담배 하면 떠오르는 기업이 KT&G입니다. 순이익률이 20%가 넘는 독점 기업이자 현금 배당성향—한 해 벌어들이는 순익 대비 배당금 비율—이 50%가 넘는 엄청난 기업입니다. 이렇게 사업 구조가 좋은데도 주가는 지지부진합니다. 왜일까요? 어김없이 사업보고서를 펼쳐 보겠습니다.

[그림 1-9]를 보면 사업 부문은 담배, 인삼, 부동산으로 나눌 수 있습니다. 그러나 예상대로 담배 사업 부문 매출 비중이 압도적이죠. 담배 사업 부문은 수출과 내수로 나눠 봐야 합니다. [그림 1-10]을 보면 2018년과 2019년에 정체되었던 수출이 2020년에 회복됩니다. 그 이유를 살펴보기 전에 KT&G가 주로 수출하는 국가를 봐야 합니다. 비중으로 따지면 중동(아랍에미리트), 일본, 미국순입니다. 2018년과 2019년에 수출

| ① 제 34(당) 기 | | | | | | (단위: 백만원) | |
| 구 분 | 담배 | 인삼 | 부동산 | 기타 | 보고부문 합계 | 연결조정 | 합 계 |
|---|---|---|---|---|---|---|---|
| 총부문수익 | 3,339,587 | 1,536,507 | 656,805 | 282,601 | 5,815,500 | (513,882) | 5,301,618 |
| 부문간수익 | (369,372) | (125,599) | (14,868) | (4,043) | (513,882) | 513,882 | - |
| 외부고객으로부터의 수익 | 2,970,215 | 1,410,908 | 641,937 | 278,558 | 5,301,618 | - | 5,301,618 |
| 보고부문영업손익 | 1,051,351 | 163,499 | 287,551 | (8,259) | 1,494,142 | (13,091) | 1,481,051 |

[그림 1-9] 2020년 KT&G 사업보고서

| | | (단위 : 백만갑, 백만원) | | | | | |
|---|---|---|---|---|---|---|---|
| 매출 유형 | 품 목 | | 제34기 | | 제33기 | | 제32기 | |
| | | | 수량 | 금액 | 수량 | 금액 | 수량 | 금액 |
| 제품 | 제조담배 | 수 출 | 1,958 | 741,345 | 1,608 | 535,192 | 1,735 | 536,625 |
| | | 내 수 | 2,078 | 1,815,323 | 2,029 | 1,828,615 | 2,022 | 1,739,853 |
| | | 합 계 | 4,036 | 2,556,668 | 3,637 | 2,363,807 | 3,757 | 2,276,478 |

[그림 1-10] KT&G 담배 부문 수출과 내수 비교

이 큰 폭으로 감소한 이유는 중동에서 수입 담배에 대한 관세 장벽을 쌓았기 때문입니다. 이에 KT&G는 우회하여 중동에 수출하고자 2020년 알로코자이와 계약을 맺습니다. 전자담배는 필립 모리스(PMI)와의 계약을 통해 수출을 추진합니다. 2020년에 회복되었다는 것은 이 전략이 일정 부분 성과를 냈다는 뜻입니다. 2020년은 수출은 반등했으나 내수는 정체가 지속된 시기입니다. 우리가 지켜봐야 할 것은 2021년, 나아가 2022년에 수출 지표가 지속적으로 개선되는지 아니면 다시 부

**TIP**

참고로 관세청에서는 전체 수출입 실적뿐만 아니라 국가별 수출입 실적도 보여 줍니다. 관세청 '품목별·국가별 수출입 실적' 메뉴를 활용하면 됩니다.

진한지입니다.

수출 회복 여부는 어떻게 확인할까요? 앞서 관세청 수출입 무역통계 사이트를 통하면 됩니다. 담배의 HS코드는 '24 02'입니다. 앞서 주요 수출국이 아랍에미리트, 일본, 미국이라고 했으니 해당 국가명을 입력하면 국가별 수출 추이를 볼 수 있습니다. 비단 담배만이 아닙니다. 이 방법은 수출 기업 모두에 해당합니다.

내수 기준 일반 담배와 전자담배 판매 추이가 궁금하다면 기획재정부 홈페이지에서 확인할 수 있습니다. 현재 전자담배는 일정 비율을 유지하는 반면, 일반 담배는 지지부진한 상태입니다. 그 이유는 주변을 둘러봐도 알 수 있습니다. 담배를 피우는 사람이 점점 줄고 있죠. 아직까지 버티는 애연가들도 전자담배로 조금씩 옮겨 가고 있습니다.

아쉽게도 2020년에 회복되던 담배 수출은 2021년과 2022년에 다시 부진한 모습을 보입니다. 중동과 미국에서 담배 규제를 강화했기 때문이죠. KT&G는 2021년 말 부진한 미국 법인을 청산하기도 했습니다. 내수 판매는 여전히 정체 상태입니다. 앞으로 이 난관을 어떻게 극복할지 지켜보는 것도 중요한 관전 포인트입니다.

# 그 많던 만 원 삼겹살은
# 어디로 사라졌을까

1인분에 1만 원 이하인 삼겹살 메뉴를 본 적이 있을 겁니다. 그것이 확장되어 1만 원 초반의 무한리필집도 수두룩하게 생겨났습니다. 그런데 요즘에는 어떤가요, 잘 보이지 않죠? 한때 수입 돼지고기가 전체 국내 돼지 소비의 30%까지 증가했습니다. 주로 미국산과 독일산이었는데요. 2020년에 들어서면서 돼지 수입 물량이 급감하기 시작했습니다. 배경에는 중국이 있습니다. 사실 어떤 업종이든 중국을 빼고 이야기할 수 없습니다.

중국 돼지고기 시장의 변화를 설명하기 전에 옥수수 이야기부터 하겠습니다. 옥수수 수요의 77% 이상이 사료로 사용됩니다. 22% 이상은 전분당으로, 나머지는 종자나 팝콘 등으로 쓰입니다. 즉 옥수수 가격은 사료 시장에 큰 영향을 미치는데요. 이 영향은 자연스럽게 양돈·양계 기업으로 이어집니다. 가축을 사육하기 위해서는 배합사료—사육 목적에 맞게 영양소를 고르게 공급하도록 배합하는 사료—가 필요하기 때문입니다. 앞서 살펴본 '소맥 → 제분(밀가루) → 라면 시장'의 흐름과 같습니다.

다시 중국 이야기로 돌아오면, 2019년에 중국에서 아프리카 돼지열병(ASF)이 발병했고 이로 인해 중국 사육 돼지의 20% 이상이 도살 처분되었습니다. 문제는 중국이 돼지고기 소비 비중이 월등히 높은 국가라는 데 있습니다. 중국 정부는 돼지고기 부족분을 수입 물량으로 메웠고 그 결과 우리나라로 들어오던 수입 돼지고기 물량이 큰 폭으로 감소했습니다. 그 흔하던 만 원 삼겹살도 자연스럽게 사라졌습니다.

2020년 하반기에 접어들면서 아프리카 돼지열병도 잦아들었습니다. 이에 중국 정부는 돼지 사육을 본격적으로 확대합니다. 비슷한 시기에 대규모 홍수로 중국의 농작물 피해가 극심했는데요. 이때 국제곡물, 특히 옥수수와 대두박의 수요가 급증합니다. 수요 급증은 국제곡물 가격 상승으로, 국제곡물 가격 상승은 사료 가격인상으로 이어집니다. 양돈 업체 입장에서는 원가가 부담스러울 수밖에 없습니다. 심지어 앞서 말씀드렸듯이 중국 정부가 돼지 사육을 본격화했죠. 이 말인즉슨 우리나라 돼지고기 수입이 증가한다는 이야기입니다.

양돈 시장은 옥수수, 배합사료, 국내 사육 도체 수, 돼지고기 수입 물량이 상호 영향을 미치는 시장입니다. 원가 관점에서는 옥수수와 배합 사료 가격이, 돼지고기 도매가격 관점에서는 돼지 사육 도체 수와 수입 물량이 영향을 준다는 점을 기억해 둘 필요가 있습니다.

2022년에 러시아-우크라이나 전쟁이 발발하면서 국제곡물 가격이 재차 큰 폭으로 상승하고 있습니다. 2021년 기준 러시아와 우크라이나의 글로벌 밀 생산 비중은 각각 10%, 4%입니다. 수출 비중은 무려 17%, 12%입니다. 특히 러시아는 글로벌 밀 수출 1위 국가입니다. 러시아-우크라이나 전쟁으로 인한 수출 규제가 국제곡물 가격에 영향을 줄 수밖에 없는 이유입니다. 식품 업종 전반에 원가 부담이 증가하고 있고, 소비자물가지수 상승에도 영향을 주고 있습니다.

식품 업종은 국제곡물 가격의 방향과 영향 그리고 제품 가격인상과 인하라는 관점에서 다양한 투자 시나리오를 그릴 수 있습니다. 수출 지표를 통해 실적을 확인하는 것도 효과적인 접근 방법입니다.

1. 옥수수, 소맥, 대두, 원당 등 국제곡물 가격 방향이 중요합니다. 옥수수는 사료와 전분당으로, 소맥은 밀가루와 사료로, 대두는 식용유와 대두박으로, 원당은 설탕으로 사용됩니다.

2. 국제곡물 가격 방향과 함께 투자 시나리오를 짤 수 있습니다. 소맥 가격은 밀가루 가격에 영향을 주고, 밀가루는 제분 기업에 영향을 줍니다. 그리고 라면·제과 기업에 영향을 줍니다. 옥수수는 사료 시장과 양계·양돈 시장에 영향을 줍니다.

3. 국제곡물 가격이 하향 안정화되느냐, 지속 상승하느냐가 식품 기업들의 실적을 좌우합니다. 식품 기업이 제품 단가를 인상한 이후 국제곡물 가격이 하향 안정화된다면 실적 개선을 기대할 수 있습니다. 반대로 국제곡물 가격이 지속 상승한다면 제품 가격인상 여부가 시장의 중요한 관전 포인트가 될 수 있습니다.

4. 식품 업종에서 라면, 담배, 제과는 수출 지표를 중심으로 볼 필요가 있습니다. 특히 내수 시장 정체와 제품 가격인상 부담을 수출 증가로 풀 수 있는 기업이라면 시장 평가는 달라질 수 있습니다. 이때 관세청 수출 지표를 활용하면 좋습니다.

## ■ 섹터별 주요 지표 소개

### 배합사료/양돈 섹터

- 국제곡물 가격: 옥수수, 소맥(밀), 대두, 원당 가격
- 배합사료: 배합사료 가격, 생산량, 배합사료-옥수수 스프레드
- 양돈: 돼지고기 도체 수, 돼지 도매가격, 돼지 수입 물량(증감률)

### 배합사료 섹터

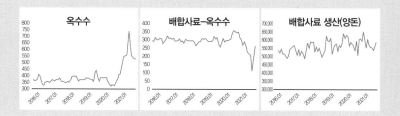

배합사료 섹터는 옥수수 가격, 배합사료 가격 그리고 배합사료-옥수수 스프레드 지표가 중요합니다. 여기에 배합사료의 Q(수량)를 알려 준다는 관점에서 배합사료 생산량을 같이 보면 투자 판단에 도움이 됩니다.

## 양돈 섹터

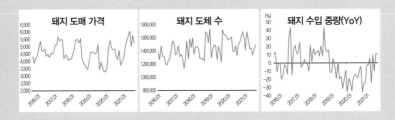

양돈 섹터는 돼지 도매가와 도체 수(사육 수)가 중요합니다. 대체로 돼지 도매가와 도체 수는 반대 방향을 바라봅니다. 돼지고기 수입 물량 지표 역시 체크할 필요가 있습니다. 30% 비중을 차지하는 돼지 수입 물량이 증가할수록 돼지 도매가에는 부정적인 영향을 미치게 됩니다.

### 라면 섹터

- 수출: 라면 수출금액, 중국향 라면 수출금액
- 국제곡물 가격: 소맥(밀) 가격

### 라면 섹터

라면 섹터는 라면 수출금액 지표와 소맥(밀) 가격지표가 중요합니다. 라면 수출을 볼 때 특히 중국향 수출 비중이 중요합니다. 참고로 농심은 미국과 중국에 공장이 따로 있는데, 미국과 중국 매출은 관세청 수출 지표에 포함되지 않습니다.

### 담배 섹터

- 수출: 담배 수출금액, UAE(아랍에미리트)/일본 수출금액, 전자담배 수출금액
- 내수: 담배 판매액, 전자담배 판매액, 전자담배 점유율

**담배 섹터**

담배 섹터는 담배 수출금액과 내수 판매 금액을 같이 볼 필요가 있습니다. 아랍에미리트, 일본 수출금액까지 체크하면 더욱 좋습니다. 내수 판매는 일반 판매와 전자담배 판매를 같이 볼 필요가 있습니다. 특히 전자담배 비중이 증가하는지를 같이 체크하는 것이 중요합니다.

# 2장

# 골판지 / 제지

2016년 6월의 마지막 날로 기억합니다. 아침 일찍 안산 공단으로 향했습니다. 그 당시 신대양제지 시화공장 화재 기사를 본 터라 직접 확인하고 싶은 마음이 있었습니다. 그리고 가는 김에 제부도에 들러 조개구이도 먹고 싶었습니다.

우중충한 날씨는 안산 시화공단에 도착할 때까지 이어졌습니다. 도착해서 눈으로 확인한 신대양제지 시화공장은 화재로 모두 전소되어 건물 뼈대만 남아 있었습니다. 신대양제지의 또 다른 공장인 반월공장 앞에는 폐지를 가득 실은 트럭이 대기해 있었습니다. 당시 시화공장은 연간 46만 톤, 반월공장은 23만 톤 규모의 골판지 원지를 생산했는데, 시화공장 화재로 신대양제지의 생산능력은 1/3 수준으로 떨어지게 되었습니다. 형제 기업인 대양제지 안산공장은 신대양제지 시화공장에서 차량으로 10분 남짓 거리에 위치해 있었는데 당시 34만 톤 규모의 생산능력을 갖추고 있었습니다.

안산 공단을 다녀온 후 처음에는 대양제지에 관심을 가졌습니다. 한 해 전 부탄가스 연료관을 생산하는 태양이 공장 화재 이후 자회사인 세안산업을 통해 생산을 확대하고 실적을 몰아준 사례가 있었습니다. 저 역시 신대양제지가 대양제지를 통해 생산을 확대하지 않을까 하고 생각한 것이죠.

실제 흐름은 제 생각과는 다르게 흘러갔습니다. 신대양제지가 대양제지를 인수하면서 신대양제지 중심으로 지배구조가 재편되었습니다. 저는 투자 대상을 대양제지에서 신대양제지로 바꿨던 기억이 있습니다. 이듬해 신대양제지 시화공장은 다시 가동을 시작했고요. 이 시기부터 골판지 시장은 골판지 원지 수요 증가와 가격 강세를 보이면서 새로운 도약의 발걸음을 딛기 시작했습니다. 시장 소외주에서 시장 관심주로 변화하면서 말이죠.

# 골판지 밸류체인과
# 시장 과점화

골판지 밸류체인은 폐지(고지), 원지, 원단, 상자로 이어집니다. 폐지는 우리가 자주 접하는 폐골판지, 폐신문지입니다. 전국의 300여 개 압축장에서 폐지를 수거하여 골판지사로 전달합니다. 골판지사는 폐지를 가공하여 원지—이면지, 표면지, 골심지—를 만듭니다. 이렇게 만들어진 원지를 합지하여 롤링 과정을 통해 원단(판지)을 (판지사가) 제작합니다. 상자는 원단을 가공해서 만드는데 이는 상자사(지함사)의 역할입니다.

이 밸류체인에는 여러 중소형 기업이 속해 있습니다. 그러나 크게 보면 삼보판지 그룹, 아세아제지 그룹, 태림포장 그룹 그리고 신대양제지 그룹이 주도하고 있습니다. 활발한 시장재편 과정을 거쳐 수직계열화

| 골판지사 | 고지(폐지) | 폐골판지, 폐신문지 등을 전국 300여 개 압축장이 수거 |
| | ▼ | |
| 판지사 | 원지 | 폐지(고지)를 가공하여 이면지, 표면지, 골심지를 만듦 |
| | ▼ | |
| 상자사 | 원단(판지) | 원지를 합지하여 롤링 과정을 통해 원단으로 제작 |
| | ▼ | |
| | 지함소(상자) | 원단을 가공하여 상자를 만드는 곳 |

[그림 2-1] 골판지 밸류체인

를 이룬 것이죠. 즉 골판지 시장은 과점화된 시장입니다. 이 네 그룹이 가격 협상력에서 우위에 있기 때문에 원재료인 폐지 가격이 상승하면 그에 따라 원지 가격을 인상하는 데 있어 다른 업종보다 용이합니다.

골판지 시장의 대표적 전방산업은 택배 시장입니다. 택배 시장은 온라인 쇼핑 시장과 동행합니다. 즉 고지 가격 상승은 택배 시장과 온라인 쇼핑 시장에도 영향을 미친다고 봐야 합니다.

이제 사업보고서를 펼쳐서 '사업의 내용'을 확인해 보겠습니다. [그림 2-2]는 신대양제지의 사업보고서입니다. 주요 사업 부문은 골판지 원지와 골판지 상자입니다. 매출 규모는 골판지 상자가 높지만 상대적으로 이익 비중이 낮은 것을 확인할 수 있습니다. 이는 이익 비중이 높은 골판지 원지 위주로 살펴보는 게 실적 추정에 유용하다는 뜻입니다. 골판지 원지를 보다 면밀히 살펴보겠습니다.

골판지 원지의 원재료는 폐지(국내 고지) 비중이 가장 높습니다[그림 2-3]. 펄프는 표면지에 일부 사용됩니다. 폐지 가격은 어떻게 확인할까요? 가장 쉬운 방법은 자원순환정보시스템 사이트에 접속하는 것입니

## 2. 주요 제품 및 원재료 등
### 가. 주요 제품 등의 현황
회사는 골판지용 원지 및 골판지 원단, 상자를 생산, 판매하고 있습니다.

( 단위 : 백만원 )

| 사업부문 | 매출유형 | 품 목 | 당기매출액 | 비 율(%) |
|---|---|---|---|---|
| 골판지원지 | 제 품 | 골판지용 원지 | 381,360 | 99.9 |
| | 상 품 | 골판지용 원지 | 207 | 0.1 |
| | | 골판지 원지 계 | 381,567 | 100.0 |
| 골판지상자 | 제 품 | 골판지 원단,상자 | 425,069 | 95.6 |
| | 상 품 | 골판지 상자 | 13,922 | 3.1 |
| | 기 타 | 부산물 | 5,519 | 1.3 |
| | | 골판지 상자 계 | 444,510 | 100.0 |

### 나. 주요 제품 등의 가격변동추이

( 단위 : 원/톤, 원/천㎡ )

| 사업부문 | 품 목 | 2020년 | 2019년 | 2018년 |
|---|---|---|---|---|
| 골판지 원지 | 골판지용 원지(내수) | 370,304 | 393,278 | 451,180 |
| | 골판지용 원지(수출) | 330,791 | 422,731 | 485,321 |
| 골판지 상자 | 골판지 원단 | 415,566 | 461,651 | 495,366 |
| | 골판지 상자 | 499,540 | 541,789 | 571,668 |

[그림 2-2] 신대양제지 사업의 내용 1, 2

### 다. 주요 원재료 등의 현황

( 단위 : 백만원 )

| 사업부문 | 매입유형 | 품 목 | 당기 매입액 | 비 고 |
|---|---|---|---|---|
| 골판지원지 | 원재료 | 국내고지 | 156,210 | - |
| | | 수입고지 | 137 | - |
| | | 펄프 | 14,378 | - |
| | | 계 | 170,725 | - |
| 골판지상자 | 원재료 | 골판지원지 | 287,169 | - |

### 라. 주요 원재료 등의 가격변동추이

( 단위 : 원/톤 )

| 사업부문 | 품 목 | 2020년 | 2019년 | 2018년 |
|---|---|---|---|---|
| 골판지 원지 | 국 내 고 지 | 130,414 | 139,646 | 161,861 |
| | 수 입 고 지 | 134,813 | 141,661 | 243,018 |
| | 펄 프 | 680,931 | 760,495 | 947,692 |
| 골판지 상자 | 골판지원지 | 402,879 | 424,733 | 480,128 |

[그림 2-3] 신대양제지 원재료 현황

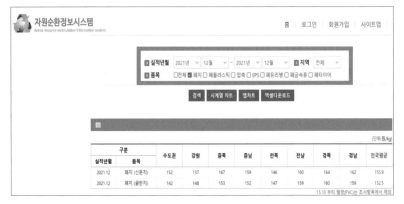

**[그림 2-4] 폐지 가격 확인 방법(출처: 자원순환정보시스템)**

다. 폐지 품목을 선택하면 월 단위로 폐지 가격을 확인할 수 있습니다. 골판지 원지 가격은 관세청 수출 지표를 이용하면 됩니다. 원지는 골심지, 이면지, 표면지로 구성되는데 이 중 골심지 지표를 추천합니다. 국내 골판지 가격과 동행성을 보입니다. 수출 단가 계산법은 수출금액에서 수출 물량을 나눈 값입니다. 수출 단가를 확인하는 이유는 국내 골심지 가격과 대체로 방향이 같기 때문입니다. HS코드는 '48 05 11'입니다.

이제 지표들과 신대양제지의 실적을 비교해 보겠습니다. 앞서 언급했듯이 골판지 가격은 관세청에서, 폐지 가격은 자원순환정보시스템에서 가져올 수 있고, 원지 생산량은 사업보고서에 나와 있습니다. 매출액은 'P(가격)×Q(수량)'입니다. 골판지 원지(골심지) 가격에서 원지 생산량을 곱한 값이죠. 영업이익은 '스프레드×Q'입니다. 즉 (골판지 원지 가격-폐지 가격)×원지 생산량입니다.

[그림 2-5]를 보면 지표와의 동행성을 확인할 수 있습니다. 다른 골판지 기업도 동일한 방식으로 실적 추정이 가능합니다.

- 매출액 = P(가격)×Q(수량)
- 영업이익 = 스프레드×Q(수량)

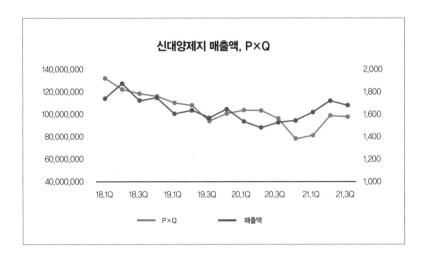

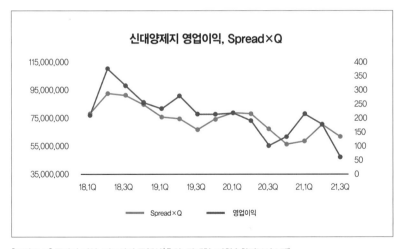

[그림 2-5] 골판지 기업, 지표와의 동행성(출처: 관세청, 자원순환정보시스템)

# 골판지 시장의 변곡점이 된
# 두 화재 이야기

2016년 6월과 2020년 10월에 큰 화재가 있었습니다. [그림 2-6]은
원지-폐지 스프레드, 폐지 가격, 원지 가격을 2010년부터 2021년까지
펼쳐 놓은 것입니다.

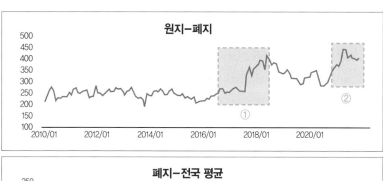

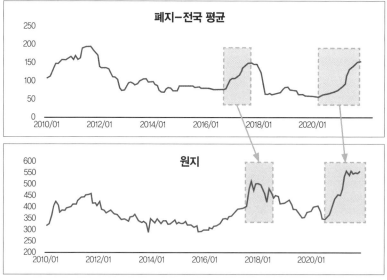

[그림 2-6] 원지-폐지 스프레드, 폐지 가격, 원지 가격(2010~2021년)(출처: 관세청, 자원순환정보시스템)

현명한 지표 투자

①은 2016년 6월 화재 시점이고 ②는 2020년 10월 화재 시점입니다. 이 시점마다 변화가 있었습니다.

대양제지와 신대양제지는 형제 기업입니다. 형인 권혁용 회장이 대양제지를 설립하고 뒤이어 동생인 권혁홍 회장이 신대양제지를 설립합니다. 신대양제지는 시화공장과 반월공장을, 대양제지는 안산공장을 보유하고 있습니다. 골판지 전체 시장점유율로 보자면 시화공장은 7.8%, 반월공장은 4%, 안산공장은 5.5% 안팎입니다. 이런 상황에서 2016년 6월 신대양제지 시화공장이 화재로 전소됩니다. 그에 앞서 한 달 전인 2016년 5월에는 대양제지 권혁용 회장이 별세를 합니다. 이후 동생 기업인 신대양제지가 대양제지를 인수하는 방식으로 합병되었습니다.

전소로 시화공장 가동은 중단됩니다. 그런데 하필 이때 중국의 폐지 수입이 증가하면서 폐지 가격이 급등했습니다. 우리나라 입장에서 보면 폐지가 중국으로 대량 수출된 것이죠. 이후 타이트한 원지 수급과 맞물리면서 골판지 기업은 원지 가격을 인상합니다.

2016년 하반기부터 2017년 상반기까지 중국은 폐지와 고철 수입을 늘렸습니다. 하지만 2017년 하반기에 다다르면서 환경오염 이슈로 폐플라스틱, 폐지, 고철 등의 수입 규제가 발표되었고, 이 영향으로 4분기 즈음에 폐지 가격이 큰 폭으로 하락합니다. 이는 원지 가격을 인상한 골판지 기업에게 호재가 되었습니다. 스프레드가 크게 개선되면서 이익이 급증했기 때문입니다. 이 시기 골판지 기업은 시장 주도주로 자리매김했습니다. 그러나 [그림 2-6]에서도 알 수 있듯이 2018년에 주춤하는 모양새를 띕니다. 이는 폐지 가격과 원지 가격이 떨어진 데서 이유를 찾을 수 있습니다. 지지부진한 모습은 2020년 10월까지 이어집니다.

2020년 10월은 코로나의 영향으로 인해 온라인 쇼핑 거래액이 큰 폭으로 성장한 시기였습니다. 택배 물량 역시 증가했습니다. 이 상황에서 골판지 시장점유율 5.5%의 안산공장이 전소됩니다. 자연스럽게 골판지 공급은 타이트해졌고, 타이트한 공급은 원지 가격인상으로 이어졌습니다. 골판지 기업이 다시 시장의 주목을 받게 된 것입니다. 이때 다른 골판지 기업들은 물 들어올 때 노 젓겠다는 마음으로 공장가동률을 높입니다. 특히 태림포장과 아세아제지는 때마침 공장 증설 시기와 맞물려 더 큰 폭의 스프레드 및 이익이 증가했습니다.

두 번의 화재는 공급 부족 현상을 자아냈지만 한편으로는 원지 가격 상승을 이끌어 냈습니다. 이는 골판지 시장의 특징을 보여 주는 단면이기도 합니다. 과점화되어 있기 때문에 몇몇 기업이 동의만 한다면 언제든지 가격을 올릴 수 있는 구조이기 때문입니다. 그러나 여기서 한 가지 더 주목해야 할 점은 온라인 쇼핑 거래액이 큰 폭으로 성장했다는 것입니다. 이는 곧 전방산업인 택배 수요가 많아졌다는 뜻이기도 합니다.

2022년 3월 대양제지는 안산공장 복구를 위해 1900억 신규 시설 투자를 공시했습니다. 공사 기간은 2022년 3월부터 2025년 2월까지입니다. 국내 골판지 시장점유율 5.5%를 차지하는 대양제지의 안산공장이 재가동된다면 골판지 공급은 늘어날 것입니다. 따라서 골판지 시장은 수요 공급 관점에서 지속적으로 관찰할 필요가 있습니다.

# 오프라인 유통 시장이
# 회복된다면

이제 제지 이야기를 해 보겠습니다. 주요 제품으로는 인쇄용지, 특수지, 산업용지가 있습니다. 대표적인 인쇄용지는 백상지와 아트지로, 백상지는 교과서나 단행본 등에 사용되고 아트지는 카탈로그, 캘린더 등을 만들 때 사용됩니다. 특수지는 대표적으로 감열지가 있는데요. 쉬운 예로 카드 영수증이나 ATM 용지를 들 수 있습니다. 산업용지로는 백판지가 있습니다. 의약품이나 제과 포장재, 피자 박스 등 패키징 용도로 사용됩니다.

인쇄용지와 특수지는 원재료가 펄프입니다. 산업용지는 원재료 비중이 펄프 3, 폐지 5입니다. 즉 제지업체는 펄프 가격의 방향이 가장 중요합니다. 펄프 가격이 상승하면 원재료 부담이 가중되면서 제품 가격 인상을 고려하게 됩니다. 따라서 투자자들은 해당 산업이 가격을 인상할 여건이 조성되는지를 지켜봐야 합니다. 항상 가격인상으로 이어지는 것은 아니기 때문입니다.

인쇄용지, 특수지, 산업용지 모두 오프라인 유통 시장과 깊은 관련이 있습니다. [그림 2-7]은 2016년부터 2021년 말까지 온라인 쇼핑 거래액 증가율, 택배 물동량 증가율 그리고 신용카드 결제 증가율을 함께 펼쳐 놓은 그림입니다.

①은 코로나가 발생한 시기로 온라인 쇼핑과 택배 물동량이 큰 폭으로 증가한 것을 확인할 수 있습니다. 상대적으로 신용카드 사용량은 감

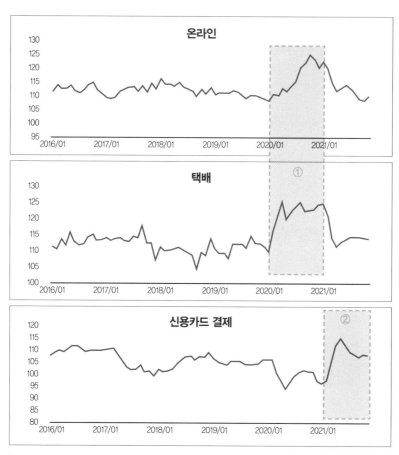

[그림 2-7] 온라인 쇼핑 거래액, 택배 물동량, 신용카드 결제 간 상관관계(2016~2021년)
(출처: 통계청, CJ대한통운 IR 자료, 한국은행)

소했습니다. 사회적 거리두기 강화로 오프라인 유통이 힘든 시기였습니다. 여기에 인쇄용지, 특수지 수요 부진으로 가격이 하락했습니다. ②로 표시된 시기는 2021년입니다. 2021년 중반기를 지나면서 방향이 달라졌습니다. 신용카드 사용량은 증가하는 반면 상대적으로 온라인 쇼핑과 택배 물동량은 성장이 둔화되었습니다. 신용카드 결제 증가는 오프라인 유통 시장의 회복을 뜻합니다. 이때 인쇄용지, 특수지, 산업용지 시장의 수요 회복을 함께 살펴봐야 합니다.

펄프 가격, 인쇄용지, 특수지(감열지), 산업용지(백판지) 가격은 관세청 지표를 보는 것이 가장 정확합니다. 펄프는 수입 비중이 높기 때문에 수입가를 기준으로, 인쇄용지·특수지·산업용지는 수출가를 기준으로 봐야 합니다. HS코드는 펄프 '47 03 29 2000', 인쇄용지 '48 10 19 1000', 특수지 '48 09 90', 산업용지 '48 10 92 9000'입니다. 대표 제지 기업인 한솔제지의 IR 자료를 함께 보는 것도 투자 판단에 도움이 됩니다. IR 자료를 통해 인쇄용지, 산업용지, 특수지의 제품별 이익률과 판매량 지표를 확인할 수 있습니다.

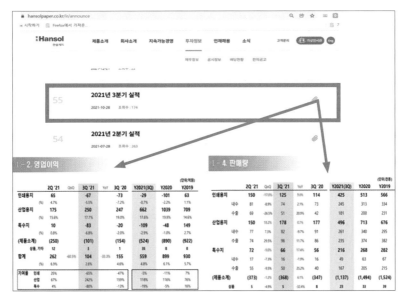

[그림 2-8] 한솔제지 IR 자료

1.  골판지 시장은 과점화된 영향으로 몇몇 골판지 기업이 가격
    협상력에서 우위를 갖고 있습니다. 폐지 가격 상승 시 제품 가
    격인상이 용이한 사업 구조입니다.

2.  골판지 시장을 수요 공급 관점에서 보자면 대양제지 안산공장
    화재 이후 타이트한 공급으로 골판지 공장가동률이 상승하고
    있습니다. 반면 주요 수요 시장 가운데 하나인 택배 시장 물동
    량은 성장이 완만해지고 있다는 점에서 꾸준히 지표 방향을
    체크할 필요가 있습니다.

3.  제지 시장은 인쇄용지, 감열지, 백판지가 주요 제품이며 원재
    료인 펄프 가격 방향이 가장 중요합니다. 코로나 이후 신용카
    드 사용이 늘고 오프라인 유통 시장이 회복되면서 제지 수요
    증가로 이어질지가 관전 포인트입니다.

## ■ 섹터별 주요 지표 소개

**골판지 섹터**

- 가격: 골판지 원지 가격, 폐지 가격(국내가/수입가), 원지-폐지 스프레드
- 전방산업: 택배 물동량(증감률), 온라인 성장률

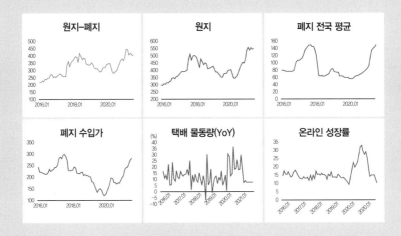

골판지 섹터는 원지-폐지 스프레드, 원지 가격, 폐지 가격이 중요합니다. 국내 폐지 가격과 동행성을 보이는 폐지 수입가를 보는 것도 도움이 됩니다. 우리나라 폐지 수입 비중은 전체 폐지 사용량의 15% 안팎입니다. 골판지 시장은 과점화되었다는 점, 따라서 폐지 가격 상승은 원지 가격인상의 명분이 될 수 있다는 점을 함께 고려할 필요가 있습니다. 골판지 시장의 전방산업 중 하나인 택배 물동량 증감률과 온라인

쇼핑 성장률을 같이 보는 것도 도움이 됩니다. 골판지 수요 방향을 예상할 수 있습니다.

### 제지 섹터

- 가격: 인쇄용지, 특수지(감열지) 가격, 펄프 가격, 인쇄용지·특수지-펄프 스프레드
- 전방산업: 신용카드 금액(성장률), 오프라인 유통 거래액 증감률

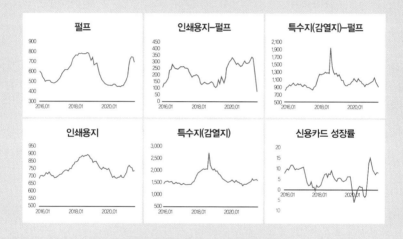

제지 섹터는 펄프, 인쇄용지-펄프 스프레드, 특수지(감열지)-펄프 스프레드 지표가 중요합니다. 그중에서도 펄프 가격 방향이 가장 중요합니다. 인쇄용지, 특수지 제품은 각각 단행본, 카탈로그와 카드 영수증, ATM 용지 등으로 활용되기 때문에 제품 가격 방향은 원재료인 펄프 가격과 오프라인 유통 시장의 수요에 달려 있습니다. 신용카드 성장률

지표를 함께 보는 것도 좋은 방법입니다.

### 백판지 섹터

- 가격: 백판지 가격, 펄프 가격, 폐지 가격, 백판지-(펄프, 폐지) 스프레드
- 전방산업: 택배 물동량(증감률), 온라인 성장률

백판지 섹터는 폐지와 펄프가 원재료로 함께 사용된다는 점에서 두 지표를 같이 볼 필요가 있습니다. 그리고 백판지는 의약품이나 제과 포장재, 피자 박스 등의 패키징 용지로 사용됩니다. 따라서 택배 물동량 지표도 연결해서 봐야 합니다.

# 3장

# 자동차/전기차

저PBR 투자를 선호하는 지인이 있습니다. PBR은 주가자산비율입니다. 낮을수록 자산 대비 주가가 저평가되어 있다는 의미죠. PBR이 저점인 기업을 매수하고 반등을 기다리는 방식은 사실 많은 인내심을 요구합니다. 그래서 저는 저PBR 투자를 선호하는 지인을 내심 존경하고 있습니다.

투자를 하다 보면 개인의 성향과 기질이 중요하다는 것을 느낍니다. 오래 인내하는 성향과 기질은 그냥 만들어지지 않습니다. 삶의 태도가 중요하고 타고난 기질도 한몫합니다.

저PBR 투자를 선호하는 지인은 PBR이 저점이라는 이유로 현대차를 매수했습니다. 현대차 PBR이 0.4배까지 하락한 2016년은 당시 기준으로 역사적인 저점이었죠. 이후 현대차 PBR은 0.4배와 0.5배 사이에서 움직이다가 2018년 하반기에 0.3배까지 하락합니다. 결과적으로 역사적인 저점에 들어갔지만 2년의 투자는 손실이 되었습니다. 저는 지인이 하나를 더 봐야 했다고 생각합니다. 바로 실적입니다. 실적 방향을 보다 세밀하게 추적했다면 지인이 매도한 2018년 3분기는 오히려 매수를 시작할 시기였습니다.

# RV(SUV) 판매 증가가
# 알려 주는 시그널

현대차나 기아 같은 완성차 기업을 알고자 한다면 무엇을 봐야 할까요? 역시 답은 사업보고서에 있습니다.

현대차 사업보고서[그림 3-1]에서 '사업의 내용'을 펼쳐 보면 현대차의 국내외 공장 생산능력이 나옵니다. 국내는 174만 대, 중국을 제외한 해외는 201만 대입니다. 중국 법인(BHMC)은 자회사로 분류됩니다. 총 5개의 공장으로 현재 1공장은 가동을 중지한 상태이지만 2, 3, 4, 5공장만으로도 150만 대를 만들어 낼 수 있습니다. 해외 공장 생산능력은 370만 대를 넘어섭니다.

현대차의 부진은 메이저 시장인 중국과 미국 공장 출하 부진에 기인합니다. 중국 공장은 적자로 전환한 상태이고 미국 공장은 라인업 부진

(단위 : 대)

| 사업부문 | 법인명 | 소재지 | 2021년<br>(제54기) | 2020년<br>(제53기) | 2019년<br>(제52기) |
|---|---|---|---|---|---|
| 차량<br>부문 | HMC | 한국 | 1,612,000 | 1,742,000 | 1,742,000 |
| | HMMA | 미국 | 370,000 | 370,000 | 370,000 |
| | HMI | 인도 | 700,000 | 700,000 | 696,000 |
| | HAOS | 터키 | 200,000 | 200,000 | 200,000 |
| | HMMC | 체코 | 330,000 | 330,000 | 330,000 |
| | HMMR | 러시아 | 200,000 | 200,000 | 200,000 |
| | HMB | 브라질 | 210,000 | 210,000 | 210,000 |
| | HTMV | 베트남 | 68,000 | 68,000 | 68,000 |

※ 상기 차량부문은 연결대상 법인 기준 작성으로 BHMC는 제외되었으며, 상용 및 위탁생산은 불포함.
※ 상기 생산능력은 각공장별 연간 표준작업시간 및 가동형태(2교대, 3교대) 등의 기준으로 작성됨.

[그림 3-1] 현대차 사업보고서

으로 출하와 판매 수가 지속 하락해 왔습니다. 실적 부진은 주가 부진으로 연결되어 2014년 이후 현대차 주가는 지속 하락하는 모습을 보여왔습니다. 제 지인은 저점이라는 이유로 2016년에 투자했지만 당시 역시 중국과 미국 시장에서 부진이 가속화되었습니다.

현대차가 개선 시그널을 보이기 시작한 것은 아이러니하게도 2018년 하반기부터입니다. [그림 3-2]에서 현대차 사업보고서 매출 현황을 보면 승용차와 RV별 내수와 수출금액이 나옵니다. 이를 통해 RV 차량 수출금액이 큰 폭으로 개선되고 있음을 알 수 있습니다. 2020년 코로나로 인해 국내외 공장이 셧 다운되었음에도 불구하고 RV 차량의 판매액과 수출금액이 모두 좋아졌습니다.

다음은 분기 추이[그림 3-3]입니다. 위의 그림은 현대차 매출과 현대차 공장 출하의 동행성을, 아래 그림은 매 분기 증가하는 RV 판매 비중

(단위 : 백만원)

| 매출유형 | 품 목 | | 2020년(제53기) | 2019년(제52기) | 2018년(제51기) |
|---|---|---|---|---|---|
| 제품 | 승용 | 내 수 | 12,209,130 | 9,549,303 | 9,327,379 |
| | | 수 출 | 4,556,700 | 6,407,273 | 7,032,150 |
| | | 합 계 | 16,765,830 | 15,956,577 | 16,359,529 |
| | RV | 내 수 | 8,678,126 | 7,035,804 | 5,547,436 |
| | | 수 출 | 13,887,898 | 13,711,386 | 9,189,558 |
| | | 합 계 | 22,566,024 | 20,747,191 | 14,736,994 |
| | 소형상용 | 내 수 | 2,797,263 | 2,644,355 | 2,831,789 |
| | | 수 출 | 542,281 | 808,975 | 868,714 |
| | | 합 계 | 3,339,544 | 3,453,330 | 3,700,503 |
| | 대형상용 | 내 수 | 2,360,933 | 2,384,611 | 2,430,886 |
| | | 수 출 | 298,406 | 474,962 | 525,325 |
| | | 합 계 | 2,659,339 | 2,859,574 | 2,956,211 |
| | 기타 | 내 수 | 1,428,460 | 1,248,809 | 1,192,430 |
| | | 수 출 | 3,901,805 | 4,890,213 | 4,214,441 |
| | | 합 계 | 5,330,265 | 6,139,022 | 5,406,871 |
| 합 계 | | 내 수 | 27,473,912 | 22,862,883 | 21,329,920 |
| | | 수 출 | 23,187,090 | 26,292,810 | 21,830,188 |
| | | 합 계 | 50,661,002 | 49,155,693 | 43,160,108 |

[그림 3-2] 현대차 사업보고서 매출 현황

을 보여 줍니다. RV 판매 증가는 ASP(평균 판매단가) 및 매출 상승으로 이어집니다. 현대차 실적이 꾸준히 개선되는 이유가 담긴 지표입니다.

현대차는 RV 라인업을 오랜 기간 준비했습니다. 2018년은 가시적인 성과가 나기 시작한 해입니다. 그 덕분에 2020년 코로나, 2021년 차량용 반도체 숏티지 이슈에도 불구하고 성과가 이어지고 있습니다. 러시아-우크라이나 전쟁의 영향으로 현대차 러시아 법인의 실적이 부진함에도 불구하고 2022년 역시 꾸준히 실적이 개선되고 있습니다.

지인의 저PBR 투자는 틀리지 않았다고 생각합니다. 다만 현대차 매출과 이익 방향을 알 수 있는 지표, 즉 국내외—특히 중국과 미국—공장의 출하 상황을 꾸준히 살폈다면, 나아가 RV 라인업 강화로 개선된 매출을 확인했다면 좋았을 겁니다.

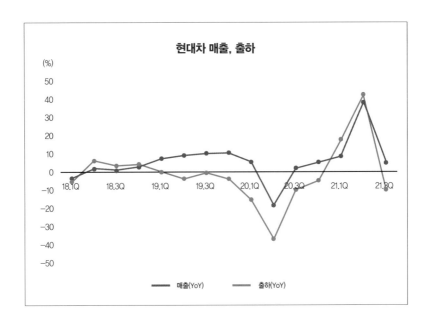

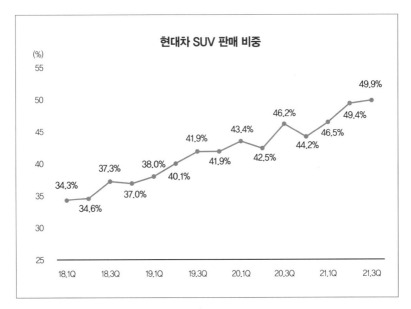

[그림 3-3] 현대차 분기 추이(출처: 현대차 IR 자료)

# 현기차 회복을
# 기대하는 이유

완성차 시장에서 가장 중요한 지표는 자동차 출하와 RV 판매지표입니다. 현대차는 홈페이지에 글로벌 출하, 차량별 판매실적, 차량별 매출 실적, 해외 공장 판매, 지역별 수출실적을 매달 업데이트하고 있습니다. 큰 힘을 들이지 않아도 유용한 지표를 확인할 수 있는 것이죠.

보다 쉬운 방법으로는 자동차 애널리스트 리포트가 있습니다. 매월 초 현대차에서 제공하는 IR 자료를 바탕으로 자동차 애널리스트들이 분석 리포트를 작성합니다. 이 리포트에서 두 가지를 체크하면 되는데요. 하나는 국내외 해외 공장 출하 방향이고, 다른 하나는 RV 판매 확대입니다. 미국, 인도, 중국의 공장 출하 상황까지 확인하면 좋습니다.

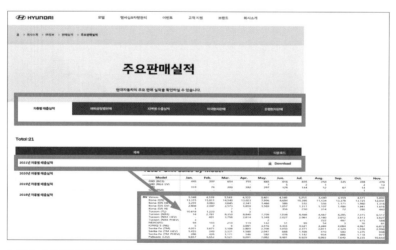

[그림 3-4] 현대차 주요 판매 실적(출처: 현대차 IR 자료)

2021년부터 이어지는 완성차 시장의 출하 부진은 차량용 반도체 숏 티지 이슈에 기인합니다. 8인치 웨이퍼 공급 부족으로 차량용 반도체 공급도 타이트해졌으며, 이에 현대차를 비롯한 글로벌 완성차 업체의 차량 출하에도 문제가 생겼습니다. 8인치 웨이퍼 증설 시기를 주목하는 이유이기도 합니다. (8인치, 12인치 웨이퍼 시장과 파운드리 시장에 대해서는 반도체 업종 페이지에서 보다 자세히 설명하겠습니다.)

완성차 시장의 출하 정상화는 타이어, 자동차 부품, 화학제품 등 다양한 후방산업에 영향을 줄 것입니다. 여기에 현대차 IONIQ5, 기아 EV6 등 전기차 모델의 침투 역시 중요한 관전 포인트가 될 것입니다.

# 전기차 시장을 주도하는 중국, 유럽, 미국

전기차 시장을 주도하는 지역은 중국, 유럽 그리고 미국입니다. 정확하게는 2019년과 2020년에는 유럽이 주도했고 2021년에 중국과 미국이 주도권을 탈환했습니다. 2019년과 2020년에는 무슨 일이 있었기에 유럽 시장이 전기차 시장을 주도하고 반대로 중국과 미국은 부진했을까요?

[그림 3-5]는 유럽 월별 자동차 판매 증감률입니다. 국제표준배출가스시험방식(WLTP, Worldwide harmonized Light vehicle Testing Procedure)이 2018년 9월 유럽에 적용되었습니다. 쉽게 말하면 배출가스 허용 기준

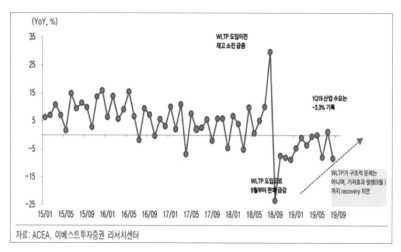

[그림 3-5] 유럽 월별 자동차 판매 증감률(출처: 이베스트투자증권)

을 대폭 강화한 것인데요. 이 기준을 맞추는 게 힘들다고 판단한 완성차 업체들은 2018년 8월 재고 세일을 감행합니다. 그렇게 9월 판매가 급감합니다.

너무 과한 채찍이라고 생각할 테지만 유럽 정부는 전기차 보조금 대폭 상향이라는 당근도 동시에 제공했습니다. 이 효과로 2019년과 2020년 유럽 전기차 판매는 각각 45%, 145% 증가합니다. 이런 유럽에 비해 중국은 주행거리와 에너지 밀도에 따라 보조금을 차등 지급하는 정책을 펼쳤고, 미국은 전기차 세액공제 기준 강화로 오히려 보조금을 줄였습니다. 이것이 2019년과 2020년 유럽과 중국, 미국 간 희비가 엇갈린 이유입니다.

그러나 지금은 다릅니다. 미국의 경우 바이든 행정부가 연비 규제 강화와 함께 2030년까지 신차 기준 전기차 판매 비중을 50%로 상향하는 행정 명령을 발표했습니다. 여기에 전기차 보조금 한도도 상향되었습니다. 중국 정부 역시 전기차 보조금 지급기한 연장과 2025년까지 전기차 판매 비중을 25%까지 상향하면서 정책적인 지원을 아끼지 않고 있습니다. 그렇게 2021년 기준 미국은 100% 이상, 중국은 200% 이상 전기차 판매 면에서 성장하는 모습을 보였습니다. 우리나라 2차전지 셀 업체들이 앞다퉈 미국에 전기차 공장을 설립하는 것도 궤를 같이 합니다.

## 2차전지 삼총사 이야기

전기차 이야기를 꺼냈으니 2차전지 이야기도 해야겠습니다. 전기차 배터리는 배터리 셀, 배터리 모듈, 배터리 팩으로 구성되어 있습니다. 이 중 배터리 셀이 우리가 흔히 이야기하는 2차전지로 LG에너지솔루션, 삼성SDI, CATL 같은 기업이 연관되어 있습니다. 배터리 셀은 리튬이온을 방출하면서 전류를 발생시키고 자동차를 구동하게 하는데요. 세부적으로 양극, 음극, 분리막, 전해액으로 구성되어 있습니다. 양극은 리튬이온을 저장하고, 음극은 양극에서 나오는 리튬이온을 흡수·방출하여 전류가 흐르게 하고, 전해액은 양극과 음극 사이 리튬이온을 이동하게 하고, 분리막은 양극과 음극을 물리적으로 막아 주는 역할을 합니다. 여기에 덧붙여 우리가 보통 2차전지 소재라고 부르는 양극재와 음극재도 알아야 합니다. 양극재는 양극을 활성화시키는 물질로 니

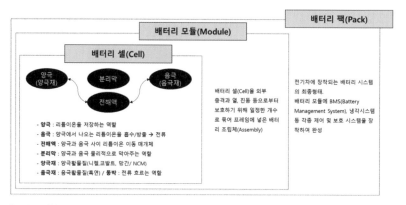

**배터리 팩(Pack)**

**배터리 모듈(Module)**

**배터리 셀(Cell)**

양극
(양극재)

분리막

음극
(음극재)

전해액

- **양극** : 리튬이온을 저장하는 역할
- **음극** : 양극에서 나오는 리튬이온을 흡수/방출 → 전류
- **전해액** : 양극과 음극 사이 리튬이온 이동 매개체
- **분리막** : 양극과 음극 물리적으로 막아주는 역할
- **양극재** : 양극활물질(니켈,코발트, 망간/ NCM)
- **음극재** : 음극활물질(흑연) / **동박** : 전류 흐르는 역할

배터리 셀(Cell)을 외부 충격과 열, 진동 등으로부터 보호하기 위해 일정한 개수로 묶어 프레임에 넣은 배터리 조립체(Assembly)

전기차에 장착되는 배터리 시스템의 최종형태. 배터리 모듈에 BMS(Battery Management System), 냉각시스템 등 각종 제어 및 보호 시스템을 장착하여 완성

[그림 3-6] 전기차 배터리 구성

켈(N), 코발트(C), 망간(M), 즉 NCM으로 구성되는 반면 음극재는 음극을 활성화시키는 물질로 흑연과 동박이 주로 사용됩니다. 관련 기업으로는 포스코케미칼, 에코프로비엠, SKC, 천보, 후성이 있습니다.

이런 배터리 셀을 외부 충격과 열, 진동으로부터 보호하기 위해 일정한 개수로 묶어 프레임에 넣은 조합체가 배터리 모듈이고요. 배터리 모듈에 BMS, 냉각 시스템 등 각종 제어 및 보호 시스템을 장착하여 완성한 것이 배터리 팩입니다. 배터리 팩은 전기차에 장착되는 배터리 시스템의 최종 형태로도 불립니다. BMW i3를 예로 들면 배터리 팩에는 8개 배터리 모듈이 들어가고, 모듈당 12개의 셀이라고 한다면 배터리 모듈에는 총 96개의 배터리 셀이 들어가게 됩니다.

이제 2차전지 시장을 들여다보겠습니다.

# 2차전지는
# 한·중·일의 싸움이다

두 가지 이슈로 2021년 전기차 시장이 요동쳤습니다. 하나는 폭스바겐이 중국이 주도하는 각형 배터리를 채택했다는 것이고, 다른 하나는 테슬라와 벤츠가 상대적으로 저렴한 LFP배터리를 채택했다는 것이었습니다.

첫 번째 이슈와 관련하여 먼저 배터리 형태를 살펴보면 크게 파우치형, 원통형, 각형으로 나눌 수 있습니다. 파우치형의 대표 주자는 LG에너지솔루션과 SK온으로, 고에너지 밀도에 적합합니다. 단점이라면 에너지 밀도가 높은 만큼 폭발 위험성도 높습니다. 원통형의 대표 주자는 파나소닉과 LG에너지솔루션이며, 테슬라가 채택한 배터리 방식입니다. 각형의 대표 주자는 CATL과 삼성SDI로 파우치형과 반대로 에너지 밀도가 낮습니다. 따라서 상대적으로 안정적이라는 평가를 받습니다. 원래 폭스바겐은 SK온과 긴밀한 제휴 관계를 맺으며 파우치형 배터리를 써 왔습니다. 그러다 2021년에 각형 배터리로 갈아탄 것입니다.

두 번째 이슈의 핵심은 LFP배터리인데요, 그 전에 NCM배터리를 설명해야 합니다. 앞서 양극재를 설명하면서 니켈, 코발트, 망간을 언급했는데요. 이것들의 약자를 합친 게 NCM입니다. 삼원계 배터리라고도 부릅니다. NCM배터리의 장점은 니켈 비중이 많은 덕분에 에너지 밀도가 높고 주행거리도 깁니다. 이런 장점 때문에 LG에너지솔루션, SK온, 삼성SDI 등이 경쟁하고 있죠. 그런데 이 배터리보다 에너지 밀도는

60% 수준으로 낮지만 가격이 저렴하고 상대적으로 안전한 배터리가 있습니다. 그게 바로 LFP배터리입니다. LFP배터리는 리튬(L), 철(F), 인산(P)로 구성되어 있습니다. 주행거리 경쟁력이라는 측면에서 보면 여전히 NCM배터리가 더 메리트 있지만, 결과적으로 테슬라와 벤츠의 선택은 LFP배터리였습니다.

이번 사건의 중심에는 역시 중국이 있습니다. 각형 배터리는 에너지 밀도가 낮고 안정성이 비교적 좋다는 이유로 저가 전기차에 주로 탑재되고 있습니다. LFP배터리를 주력으로 생산하는 기업은 CATL과 BYD로 중국 기업입니다. 즉 중국 시장을 겨냥한 전략으로 해석할 수 있습니다. 미국, 유럽, 국내 시장에서 해당 기업들이 동일한 전략을 채택할 이유와 명분은 크지 않습니다. 다만 니켈, 코발트, 리튬 등 비철금속과 희유금속 가격 강세에 따라 LFP배터리에 대한 니즈는 증가할 수 있습니다. 국내 2차전지 셀 기업은 NCM배터리 경쟁력을 바탕으로 LFP배터리에 대해 유연하게 대응할 것으로 보입니다.

또한 NCM 배터리의 다음 모델로 꼽히는 것이 있습니다. 바로 전고체 배터리입니다. 고체 전해질로 고출력과 안정성을 보장합니다. 전고체 배터리는 일본 파나소닉 주도로 진행되고 있습니다만 2025년 이후 양산을 기대하고 있습니다.

# 전기차 시장이 주도하는
# 미래를 확인하자

여기서 궁금증이 하나 생길 겁니다. 2차전지 셀 기업의 경쟁력은 어떻게 확인할 수 있을까? 이 역시 지표를 통해 가늠할 수 있습니다.

2차전지 셀 기업은 리튬이온 축전지 수출금액 지표가 중요합니다. 이 지표를 확인하는 가장 쉬운 방법은 관세청을 활용하는 것으로 HS 코드는 '85 07 60'입니다. 전체 수출금액뿐만 아니라 관세청의 품목별·국가별 수출입실적에서 독일과 미국향 수출금액까지 확인하면 좋습니다. 유럽과 미국 전기차 시장의 방향을 알 수 있기 때문입니다.

2차전지 소재는 NCM양극재, 전해질(LiPF6), 동박의 수출금액 지표가 중요합니다. HS코드는 NCM양극재 '28 41 90', 전해질 '28 26 90 9000', 동박은 '74 10 11'입니다.

또 하나 중요한 게 있습니다. 전기차 시장의 밸류체인입니다.

[그림 3-7] 전기차 시장 밸류체인

전기차 시장이 성장할수록 2차전지 셀과 2차전지 소재 수요가 증가합니다. 소재 수요가 증가하니 당연히 원재료인 리튬과 구리(동) 수요도 많아집니다. (리튬은 전해질의 원재료로, 구리는 동박의 원재료로 사용됩니다.) 관련하여 니켈과 알루미늄의 수요도 증가 추세에 있습니다. 수요가 많아지면 기업들은 의식적으로 가격 상승을 고려합니다. 즉 전해질과 동박의 수요 증가로 2차전지 소재 가격이 강세를 보이더라도 원재료인 리튬과 구리 가격 상승 폭이 더 크다면 2차전지 소재 기업은 원가 부담을 느낄 수밖에 없습니다.

비철금속과 희유금속 가격 강세는 2차전지 셀 기업과 2차전지 소재 기업 모두에게 원가 부담을 가중시킵니다. 2차전지 셀 기업과 2차전지 소재 기업 가운데 누가 원가 부담을 더 많이 짊어지게 될 것인지를 체크할 필요가 있습니다. 원재료와 2차전지 소재 제품 가격이 함께 상승하는지, 아니면 원재료가 하향안정화를 보이는지를 체크해야 합니다. 니켈, 구리 등 비철금속 가격과 리튬, 코발트 등 희유금속의 가격 방향을 주기적으로 체크하는 것은 시장의 방향을 읽는 데 있어 매우 유용합니다. 참고할 만한 사이트는 광물자원공사입니다. 일, 주, 월 단위로 볼 수 있습니다.

전기차 시장의 가장 중요한 키워드는 '성장'입니다. 특히 중국과 미국 시장을 주목하고 있습니다. 한편 완성차 업체들의 전기차 경쟁에도 관심이 모아지고 있습니다. 이에 따른 2차전지 소재 기업의 증설과 가격 경쟁력 역시 관심 가질 포인트입니다. 덧붙여 전기차 시장이 성장함

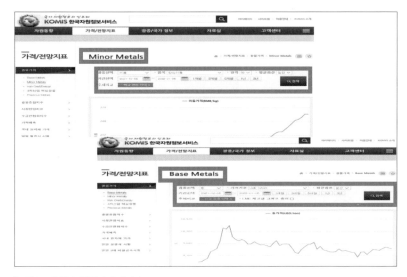

[그림 3-8] 광물자원공사 홈페이지

에 따라 폐배터리 재활용 시장의 중요성이 부각되면서 주목을 받고 있

다는 점도 주시해야겠습니다.

1. 완성차 시장은 글로벌 자동차 출하가 중요합니다. 특히 미국과 인도 공장은 점유율 확대, 중국 공장은 부진 회복 관점에서 지켜볼 필요가 있습니다.

2. 현대차의 RV 판매 확대는 ASP 증가, 이익 증가로 이어집니다. 나아가 전기차 모델의 판매 확대 여부는 중요한 관전 포인트입니다. 전기차 시장으로의 성공적 진입은 완성차 기업의 멀티플을 상향할 수 있는 중요한 트리거가 될 수 있습니다.

3. 전기차 시장은 유럽, 중국, 미국 시장을 중심으로 꾸준히 성장하고 있습니다. 유럽 정부의 정책 지원 이후 유럽 전기차 시장이 큰 폭으로 성장한 만큼 중국과 미국 정부의 연비 규제와 전기차 지원 정책에 관심을 가질 필요가 있습니다.

4. 전기차 시장의 성장은 2차전지 셀 기업과 2차전지 소재 기업의 성장으로 이어집니다. NCM배터리, NCM양극재, 전해질, 동박 수출금액 지표를 중심으로 볼 필요가 있습니다. 나아가 2차전지 소재 수요 증가는 원재료인 리튬과 구리뿐만 아니라 니켈, 알루미늄 수요 증가로 이어진다는 점에서 희귀금속과 비철금속 가격 방향을 같이 살펴봐야 합니다.

## ■ 섹터별 주요 지표 소개

### 완성차 섹터

- 자동차 출하: 현대차·기아차 글로벌 출하, 해외 공장(미국·중국) 출하, 국내 공장 출하
- SUV(RV) 판매 비중, 전기차 IONIQ5, EV6 판매 수
- 미국 중고차 지수(차량용 반도체 숏티지 시기)

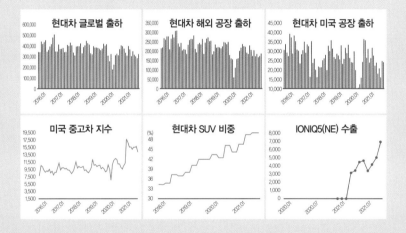

완성차 섹터는 현대차(기아) 글로벌 출하, 해외 공장 출하지표가 중요합니다. 해외 공장 중에서는 특히 미국, 중국, 인도 공장 출하가 중요합니다. 미국과 인도는 성장 지속 여부, 중국은 부진 회복 여부가 중요합니다.

차량용 반도체 숏티지 이슈로 신차 출시가 더뎌지면서 중고차 지수

가 상승하고 있습니다. 미국 중고차 지수 하락 시점을 완성차 출하 정
상화 시점으로 해석할 수 있다는 점에서 함께 살펴볼 만합니다.

현대차 RV 판매지표 역시 중요합니다. 여기에 전기차 모델인 IONIQ5
와 EV6의 판매 추이를 볼 필요가 있습니다. 전기차 모델 판매 증가는 완
성차 멀티플에 긍정적인 영향을 줄 것입니다.

### 자동차 부품 섹터

- 자동차 부품 수출금액(증감률)
- 현대·기아차 글로벌 출하 증감률, 미국·중국 자동차 판매 증감률

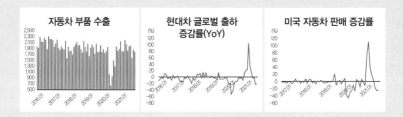

자동차 부품 섹터는 자동차 부품 수출금액과 현대차(기아) 글로벌 출
하지표가 중요합니다. 두 지표는 동행성을 보입니다. 그리고 미국과
중국 자동차 시장 판매지표 역시 중요합니다. 차량용 반도체 숏티지 이
슈는 글로벌 완성차 전체의 문제라는 점에서 미국과 중국 자동차 시장
을 같이 체크하면 좋습니다.

### 타이어 섹터

- 타이어 수출금액(증감률)
- 현대·기아차 글로벌 출하 증감률, 미국·중국 자동차 판매 증감률
- 합성고무, 천연고무 가격, 컨테이너운임지수(SCFI)

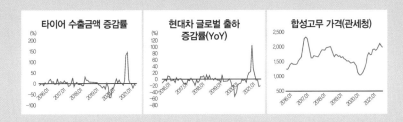

타이어 섹터는 타이어 수출금액 지표와 현대차(기아) 글로벌 출하지표가 중요합니다. 두 지표 역시 동행성을 갖습니다. 그리고 원재료인 합성고무 가격 방향이 중요합니다. 덧붙여 컨테이너 운임지수(SCFI) 상승은 타이어 업체 입장에서는 운반비 부담 증가라는 점에서 운임지수 방향을 볼 필요가 있습니다.

### 2차전지 셀 섹터

- 전기차 판매: 글로벌, 유럽·중국·미국 전기차 판매 수
- 2차전지 셀 업체 출하량: CATL, BYD, LG에너지솔루션, SK온, 삼성SDI, 파나소닉
- 리튬이온 수출금액, 독일·미국향 리튬이온 수출금액

　2차전지 셀 섹터는 글로벌 전기차 판매 수, 지역별로는 유럽, 중국, 미국의 전기차 판매 수를 봐야 합니다. 2차전지 셀 기업별 출하지표와 리튬이온 수출금액 지표를 보는 것도 중요합니다. 특히 독일과 미국향 수출금액을 같이 체크해서 볼 필요가 있습니다.

### 전기차 소재 섹터

- 전기차 판매: 글로벌, 유럽·중국·미국 전기차 판매 수
- 수출금액: NCM양극재, 동박, 전해질 수출금액
- 가격: 동박-구리 스프레드(동박, 구리 가격), 전해질-리튬 스프레드
  (전해질, 리튬 가격)

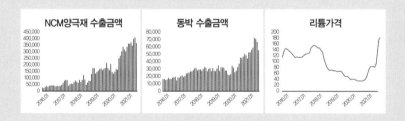

2차전지 소재 섹터는 NCM양극재, 동박, 전해질의 수출금액이 중요합니다. 그리고 원재료인 니켈, 구리 등의 비철금속과 리튬, 코발트 등의 희유금속을 같이 체크할 필요가 있습니다. 수출금액과 함께 동박-구리 스프레드, 전해질-리튬 스프레드 추이는 전기차 소재 기업의 실적 방향을 알려 줍니다.

# 4장

# 철강

오랜 친구와 만나 소주 몇 잔을 기울이던 중에 친구가 근심 가득한 표정으로 이야기를 꺼냈습니다.

"나 POSCO에 2년째 투자 중이야."

말이 좋아 투자지, 친구는 2년 동안 플러스를 보지 못해 들고만 있었습니다.

저는 친구들과 투자 이야기를 웬만하면 하지 않습니다. 사람마다 투자 호흡이 다르기 때문에 섣부르게 투자 이야기를 하면 오히려 독으로 작용할 수 있기 때문입니다. 하지만 그날은 술도 들어갔겠다, 오랜 친구가 근심도 털어놓은 터라 그냥 넘어가기 어려웠습니다. 제가 물었습니다.

"어떤 근거로 POSCO를 투자한 거야?"

"주변에서 좋다길래 들어갔지."

"POSCO 같은 철강 기업에 투자할 때는 뭘 주로 봐야 하는지 알아?"

"… 우량주는 사서 오래 갖고 있으면 되는 거 아냐? 뭘 봐야 하는지는 투자 전문가에게 물어야지, 직장인인데 어떻게 다 체크하냐?"

"친구야, POSCO 같은 기업은 열연 제품 가격이 중요하고, 열연에 있어 가장 중요한 원재료는 철광석이니까 철광석 가격을 알아야 해. 기본적으로 열연과 철광석 가격 방향만 알아도 철강 업황 흐름은 이해할 수 있어."

열연과 철광석 가격이 반등한 시점이었습니다. 당시 철강 제품 수요를 알려 주는 중국 PMI는 반등하고 중국 열연 재고는 점차 감소했습니다. 마침 중국은 환경오염을 개선한다는 이유로 철강사의 동절기 감산 정책을 추진했습니다. 이런 이유를 들며 철강 업황이 반등하는 시점이니 조금 긴 호흡으로 시장을 바라보라고 조언했습니다.

며칠 후 친구에게 전화가 왔습니다. 친구는 들뜬 목소리로 POSCO를 팔았다고 말했습니다. 2년 전 매입가는 28만 원, 친구가 전화한 날의 매도가는 28.3만 원. 드디어 원금을 회복한 것입니다. 전화를 끊으면서 씁쓸한 마음이 들었습니다. 그날 제가 술자리에서 한 이야기는 허공으로 날아간 셈이니까요. 친구가 매도한 그날 이후 POSCO의 주가는 상승을 거듭하며 불과 두 달 만에 30% 이상 올랐습니다. 그날을 기점으로 한동안 친구와 연락이 끊겼습니다.

# POSCO 사업보고서가 알려 주는
# 중요한 사실

친구에게 POSCO(현 POSCO홀딩스)와 같은 철강사에 투자하고자 한다면 열연 가격과 철광석 가격 방향을 알아야 한다고 말했습니다. 대단한 정보일까요? 전혀 그렇지 않습니다. POSCO의 사업보고서를 펼쳐

가. 매출현황

(단위 : 억원, %)

| 사업부문 | 품목 | 구체적용도 | 2020년 (제53기) | | 2019년 (제52기) | | 2018년 (제51기) | |
|---|---|---|---|---|---|---|---|---|
| | | | 매출액 | 비율 | 매출액 | 비율 | 매출액 | 비율 |
| 철강부문 | 열연 | 강관,조선 등 | 77,031 | 17.40% | 83,669 | 16.80% | 84,110 | 16.68% |
| | 냉연 | 자동차,가전 등 | 139,678 | 31.56% | 165,374 | 33.20% | 164,350 | 32.60% |
| | 스테인레스 | 양식기,강관 등 | 95,886 | 21.67% | 101,347 | 20.35% | 101,212 | 20.07% |
| | 기타제품 등 | 후판,선재 등 | 129,987 | 29.37% | 147,694 | 29.65% | 154,541 | 30.65% |
| | 단순합계 | | 442,583 | 100.00% | 498,084 | 100.00% | 504,212 | 100.00% |
| | 내부거래제거 | | (153,654) | | (177,299) | | (180,632) | |
| | 합계 | | 288,929 | | 320,785 | | 323,580 | |

[그림 4-1] POSCO 매출 현황

가. 주요 원재료 현황

(단위 : 억원, %)

| 부문 | 매입<br>유형 | 품목 | 구체적용도 | 매입액 | 매입비율 | 비 고 |
|---|---|---|---|---|---|---|
| 철강부문 | 원료 | 제선원료 | 고로의 철원 | 107,084 | 59.6 | 철광석, 석탄 |
| | | 부원료 | 제선, 제강, 도금 등 부원료 | 31,421 | 17.5 | 철원, 합금철, 비철금속, 생석회 등 |
| | | STS원료 | 스테인리스강 생산용 | 41,173 | 22.9 | Nickel, Fe-Cr, STS고철 등 |

[그림 4-2] POSCO 주요 원재료 현황

보면 금방 알 수 있는 사실입니다.

　POSCO '사업의 내용'을 보면 매출 현황이 나옵니다. 주요 품목으로는 열연, 냉연, 스테인리스, 후판, 선재 등이 있습니다. 열연과 냉연 매출 비중은 50% 내외입니다. 냉연은 열연에서 생산됩니다. 즉 열연이 가장 매출 비중이 높은 제품인 셈입니다.

　'사업의 내용'에서 주요 원재료 현황도 알 수 있는데요. 가장 큰 비중을 차지하는 것은 철광석과 석탄으로 매입 비중이 60% 안팎인 것을 확인할 수 있습니다. 정리하면 POSCO는 가장 중요한 제품이 열연이며, 원재료는 철광석과 석탄입니다. 사용되는 석탄은 유연탄입니다. 유연탄, 점결탄, 원료탄, 이렇게 다양하게 불립니다. 같은 개념으로 봐도 무방합니다. 코크스(Cokes)는 유연탄을 가열하여 만든 연료입니다.

　이는 POSCO 투자자라면 누구나 알고 있어야 하는 정보입니다. 이왕이면 철강 제조 순서도 알아 두면 좋습니다. 다음과 같습니다.

① 철광석, 유연탄(코크스), 석회석을 고로에 넣고 1,200도의 뜨거운 바람을 불어넣는다.

② 코크스가 타면서 나오는 열로 철광석을 녹이고 선철(쇳물)을 생성한다.

③ 생성된 선철에서 불순물을 제거하여 강철(Steel)을 만든다.

④ 강철을 중간 소재인 슬래브로 변환한 다음 압연(Rolling)을 통해 강판을 만든다.

이 과정에서 나오는 대표적인 제품이 열연강판입니다. 여기서 한발 더 나아가고 싶다면 바로 열연과 철광석의 가격 방향을 확인하면 됩니다. 이는 곧 POSCO의 실적 방향과 연결되기 때문입니다. 어떻게 확인해야 할까요? 가장 쉬운 방법은 관세청을 활용하는 것입니다. 열연의 수출 HS코드 '72 08'을 입력하고 수출 단가(수출금액÷수출 중량)를 추출합니다. 여기서 수출 단가를 열연 제품 가격으로 활용해도 가격 방향을 이해하는 데 무리가 없습니다.

철강 제품 역시 중국을 의식해야 합니다. 철강 제품을 만들어 내는 조강—가공되기 전의 철강 원자재. 철강 생산량을 대표하는 지표이기도 하다—의 50% 이상을 중국에서 만들어 냅니다. 따라서 중국이 열연 가격을 인상하면 우리나라 철강사는 후행적으로 열연 가격을 인상합니다. 중국의 상황은 철강 애널리스트 리포트에서 손쉽게 확인할 수 있습니다. 한 예로 한경컨센서스의 경우 산업 카테고리에서 철강 키워드를 입력하면 리포트가 뜹니다. 이를 통해 중국뿐만 아니라 국내 열연 가격까지 일주일 단위로 알 수 있고, 리포트이기에 애널리스트의 업황 해석도 참고할 수 있습니다. 리포트를 꾸준히 보기만 해도 시장 흐름을 파악할 수 있다는 말이 괜히 나오는 게 아닙니다.

철광석과 유연탄 가격은 앞서 전기차를 이야기하면서 소개한 광물 자원공사 사이트에서 알 수 있습니다. 철광석 메뉴를 선택하면 월, 주,

일 단위로 철광석 가격이 뜁니다. 유연탄도 마찬가지입니다.

실제 POSCO 매출액을 열연 가격, 열연 생산량 지표와 비교해 보고, POSCO 이익을 열연-철광석 스프레드, 열연 생산량 지표와 같이 그려 보면 [그림 4-3]과 같습니다. 동행성을 보이죠? 만약 제 지인이 이 지표 방향을 알고 있었다면 분명 판단을 달리했을 겁니다.

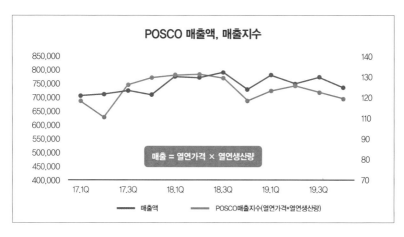

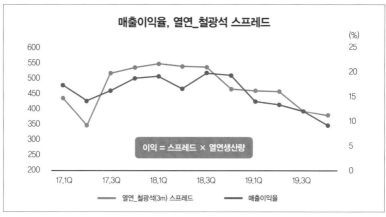

[그림 4-3] POSCO 매출과 열연-철광석 지표 간 비교(광물자원공사 자료 인용하여 저자가 새롭게 그림)

# 철강 산업의 밸류체인

[그림 4-4]는 철강 산업의 밸류체인입니다. 여기서 가장 중요한 것은 생산설비입니다. 앞서 철강 제조 순서에서 고로(①)만 이야기했는데 전기로(②) 방식도 있습니다. 즉 POSCO와 현대제철이 고로 방식으로 철강 제품을 만드는 것이지, 전기로 방식으로 철강 제품을 만드는 회사가 대부분입니다. 왜일까요? 전자는 대규모 설비투자가 필요한 만큼 진입 장벽이 높습니다. 이는 가격 협상력으로 연결됩니다. 즉 원재료인 철광석 가격이 상승하면 제품 열연 가격을 인상하는 데 다소 용이하다는 뜻입니다. 다만 앞서도 말했지만 중국의 비중이 큰 시장입니다. 따라서 중국의 고로사가 제품 가격을 인상한 이후에야 POSCO는 비로소 제

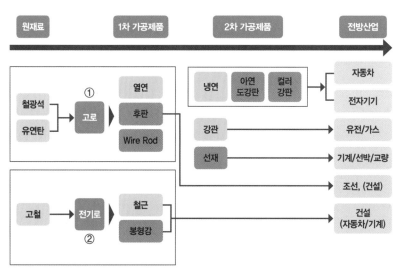

[그림 4-4] 철강 산업의 밸류체인

품 가격을 인상할 수 있습니다.

한편 전기로 방식은 수많은 철강사가 보유하고 있는 설비입니다. 주로 철근과 봉형강을 생산하며, 원재료는 철스크랩(고철)입니다. 대다수 철강사가 보유하는 만큼 진입 장벽은 낮고, 가격 주도권을 가지기도 쉽지 않습니다. 즉 철스크랩 가격이 상승한다고 해도 철근 가격을 주도적으로 인상할 수 없습니다. 보통 전방산업인 건설업이 호황일 경우 철근 기업 실적도 함께 좋아집니다.

철강 업종의 큰 줄기를 이해했다면 이제 전방산업을 살펴보겠습니다. 크게 자동차/전자기기, 유전/가스, 기계/선박/교량, 조선, 건설로 나눌 수 있습니다. 이 중 건설, 자동차/전자기기, 조선순으로 철강 제품 비중이 높습니다. 자동차/전자기기 산업에 주로 사용되는 철강 제품은 컬러 강판으로 자동차, 냉장고 문짝을 떠올리면 됩니다. 컬러 강판은 아연도강판과 냉연으로 만듭니다. 여기서 냉연은 앞서도 말씀드렸듯이 열연으로 만듭니다.

자동차와 전자기기를 대표하는 기업 하면 대다수가 현대차와 LG전자를 떠올릴 겁니다. 그럼 컬러 강판을 대표하는 기업은 어디일까요? 바로 포스코강판과 KG동부제철(현 KG스틸)입니다. 자동차/전자기기 업황이 부진한 상황에서 포스코강판과 KG동부제철이 현대차와 LG전자를 만났다고 가정해 봅시다. 협상 결과가 어떻게 도출될까요? 이 만남에서 포스코강판과 KG동부제철이 열연과 냉연 가격 상승 부담으로 컬러 강판 가격을 인상하겠다고 강하게 주장할까요, 아니면 자동차와 전자기기 판매가 부진하니 컬러 강판 가격을 내려 달라고 현대차와 LG

전자가 압박을 할까요? 현대차와 LG전자가 협상에서 우위에 설 가능성이 높습니다. 하지만 반대로 자동차/전자기기 판매가 증가한다면 상황은 달라집니다. 컬러 강판 수요가 증가하면 포스코강판과 KG동부제철은 가격인상을 강력하게 요구할 수 있습니다. 전방산업의 방향은 이래서 중요합니다.

철근 기업과 건설사 간 관계도 다르지 않습니다. 건설 업황이 좋지 않은 상황에서 철근 기업이 철근 가격을 마음대로 인상할 수는 없습니다. 건설 업황이 개선되면서 철근 수요가 증가하는 시점이라면 철근 가격인상은 용이해집니다. 강관은 유전/가스 업황과 관련이 높습니다. 우리나라가 유정용 강관을 가장 많이 수출하는 국가는 미국입니다. 이런 이유로 미국의 셰일오일 시장과도 연결됩니다. 즉 국제유가 방향이 중요하겠죠? 후판은 조선 업황과 연관됩니다. 조선사 입장에서 후판 가격인상은 원재료 부담이 증가함을 뜻합니다. 그래서 후판 가격인상을 두고 POSCO와 조선사 간 필사적인 줄다리기 싸움이 꽤 자주 펼쳐지곤 합니다.


## 중국의 PMI와 정부정책을 보자

우리는 이제 열연과 철광석이 중요하다는 것을 알고 있습니다. 또한 이 산업 역시 중국에 의해 좌지우지된다고도 했습니다. 중국 열연 가격에 가장 크게 영향을 미치는 것은 원재료인 철광석 가격입니다. 하지만 여기서 하나를 더 봐야 합니다. 바로 중국의 PMI와 중국 정부정책의 방향입니다. PMI(Purchasing Managers' Index)는 제조업 경기지수로 제조업의 방향을 의미합니다. 다시 말해 중국 경기가 활황인지 조정 중인지를 알려 주는 지표입니다.

[그림 4-5]를 보면 열연 가격과 POSCO 주가가 큰 틀에서 동행한다는 것을 알 수 있습니다. 또한 열연 가격을 결정하는 중요한 지표 중 하나인 PMI 역시 방향이 같았음을 확인할 수 있습니다. 이는 하나의 과정을 그리게 합니다. '중국 PMI가 상승하면 열연 수요가 증가한다. 열연 수요가 증가하면 가격 강세로 이어진다. 이는 곧 POSCO와 같은 고로 철강사의 실적 개선과 더불어 주가 상승을 뜻한다.' ②번 시기를 돌아보면 2016년부터 시작된 중국 제조업 호황이 2018년 상반기까지 이어졌습

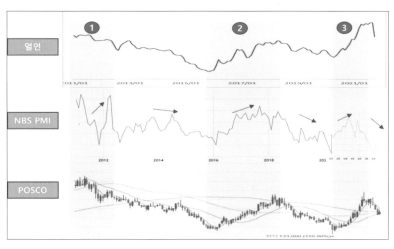

[그림 4-5] 열연, PMI, POSCO 간 상관관계(출처: 트레이딩 이코노믹스)

니다. 하지만 2018년 하반기부터 부진으로 돌아서는데요. 미-중 무역 분쟁이 그 원인입니다. 이 부진은 코로나 시점까지 이어졌습니다. ③번은 코로나 이후 중국이 대대적으로 경기 부양을 진행한 시기입니다. 인프라에 보다 많은 투자를 감행하면서 제조업 지수가 상승했고, 이에 열연 가격도 오르면서 철강 업종이 큰 폭으로 반등할 수 있었습니다.

2021년 상반기까지 호황이던 철강은 하반기로 접어들면서 난관을 만나게 됩니다. 중국 제조업 지수 하락과 더불어 열연 가격도 떨어지고 이에 POSCO 주가도 하향세를 보였습니다. 즉 세 지표가 함께 움직인 다는 것을 확인할 수 있습니다. 중국 PMI는 트레이딩 이코노믹스 사이트에서 매달 확인할 수 있습니다. PMI의 기준은 50입니다. 50 이상이면 호황이고 이하면 불황입니다.

또 하나 중요한 것이 있습니다. 중국 정부정책 방향입니다. 중국 에너지 소비의 약 60%가 석탄입니다. 당연한 이야기지만 석탄 소비가 늘수록 이산화탄소배출량도 증가합니다. 그러나 최근 중국이 탄소 경제에서 수소 경제로의 전환을 천명했습니다. 이에 겨울이면 철강사의 가동률을 30~50% 낮추는 정책을 실시하고 있습니다. 나아가 대체에너지로 프로판, LNG 등도 수입하고 있으며 철강 제품의 생산설비 방식에도 변화를 꾀하고 있습니다. 고로 비중은 낮추고 전기로 비중을 높이는 것입니다. 이는 탄소배출은 줄이고 철스크랩 소비는 늘리는 방향입니다. 중국은 조강생산량 감축으로 예상되는 철강 제품 공급부족 이슈를 수출환급세 폐지로 대체하려 하고 있습니다. 이는 수출보다는 내수로 공급하겠다는 뜻입니다.

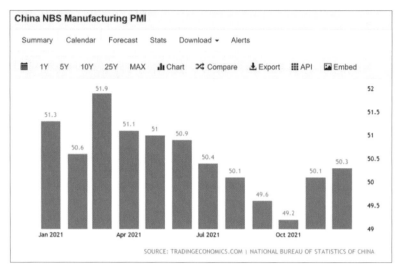

[그림 4-6] 중국 PMI 지표(출처: 트레이딩 이코노믹스)

이런 중국의 정책 변화가 국내 철강 업체에 어떤 영향을 줄까요? 만약 중국이 철강 생산을 줄이고 수출보다는 내수 중심으로 제품을 공급한다면 어떨까요? 제품 공급 상황은 보다 타이트해질 테고, 국내 철강사 입장에서는 수출을 보다 많이 하거나 열연 가격을 일정 수준으로 가져갈지도 모릅니다. 여기서 중요한 포인트는 바로 '수요'입니다. 중국 PMI를 통해 실제 철강 제품 수요가 증가하는지를 반드시 체크해야 합니다.

더불어 중국이 조강생산량을 줄이는지 여부도 파악해야 하는데요. 이는 세계철강협회 사이트에서 확인할 수 있습니다. 매월 전 세계 조강 생산량을 알려 줍니다. 중국의 경우 2021년에 접어들면서 감소 추세를 보이고 있습니다.

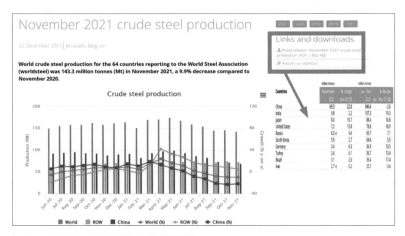

[그림 4-7] 중국의 조강생산량(출처: 세계철강협회)

마지막으로 러시아-우크라이나 전쟁으로 인한 철강 공급 영향을 고려할 필요가 있습니다. 러시아와 우크라이나는 주요 철강 생산국가 가운데 하나이며, 2020년 기준 글로벌 조강생산량 비중으로 보면 러시아는 5위, 우크라이나는 12위입니다. 철강 수출 기준으로 보면 중국에 이어 러시아가 2위이고, 우크라이나는 9위입니다. 이로 인해 글로벌 철강 공급이 타이트해질 개연성이 있습니다. 중국 정부의 경기 부양정책 방향과 함께 체크해야 할 요소입니다.

# 건설수주액과 철스크랩
# 방향이 알려 주는 것

이제 철근 시장 이야기를 해 보겠습니다. 철근을 생산하는 기업은 현대제철, 동국제강, 대한제강, 한국철강 등이 있습니다. 대한제강 사업보고서를 열어 보겠습니다. [그림 4-8]에서 주요 제품 등의 현황을 보면 철근이 81%로 가장 높은 비중을 차지하고 있습니다. 참고로 빌릿은 반제품입니다. 먼저 철스크랩으로 빌릿을 만들고, 빌릿을 가공해서 철근을 만듭니다. 주요 원재료는 철스크랩이 71%로 비중이 가장 높습니다[그림 4-9].

사업보고서를 통해 우리는 하나의 결론을 내릴 수 있습니다. 대한제강을 포함한 철근 생산 기업의 경우 철근과 철스크랩의 방향을 알아야 한다고 말이죠. 철근 가격에서 철스크랩의 가격을 뺀 값을 '롤마진'이라고 합니다. 롤마진이 개선되면 철근 기업의 실적도 좋아질 것이고, 반대로 부진하면 실적도 따라 나빠질 것입니다.

또 하나 중요한 사항을 체크해야 합니다. 바로 수요입니다. 철근 제품이 가장 많이 소비되는 산업은 건설입니다. 즉 전방산업은 건설로, 건설수주액이 증가할수록 철근 수요도 늘어납니다. 2010년부터 2021년까지의 건설수주액과 철근 생산량 증감률을 그리면 [그림 4-10]과 같습니다. 건설수주액이 증가하고 1년을 후행해서 철근 생산량이 증가하는 모습을 볼 수 있습니다. 반대로 건설수주액이 감소하면 철근 생산량도 줄어들었습니다.

## 가. 주요 제품 등의 현황

연결그룹 매출의 주요 비중을 차지하는 부분은 일반철근, 가공철근, 바인코일 매출
이며, 각 제품별 매출액 및 총 매출액에서 차지하는 비율은 아래와 같습니다.

[대한제강 주식회사]                                                      (단위: 천
원)

| 사업<br>부문 | 매출<br>유형 | 품목 | 구체적<br>용도 | 주요 상표<br>등 | 매출액 | 비율 |
|---|---|---|---|---|---|---|
| 제강/압연/<br>가공 | 제 품<br>및<br>상 품 | 철근 | 건설자재 | DH Steel,<br>Ultra-Bar,<br>STAZ | 626,812,010 | 81.33% |
| | | 빌릿 | 봉/형강 반제품 | - | 0 | 0.00% |
| | | Bar-in-Coil | 건설자재 | - | 126,735,045 | 16.44% |
| | | 기타 | - | - | 17,131,115 | 2.22% |
| | | 합     계 | | | 770,678,170 | 100.00% |

[그림 4-8] 대한제강 주요 제품

## 3. 주요 원재료

### 가. 주요 원재료, 부재료 등의 현황

연결그룹 중 제강/압연 사업을 영위하는 지배회사 및 와이케이스틸 주식회사는 철스
크랩 및 합금철 등을 주요 원부자재로 사용하고 있습니다. 원자재인 철스크랩의 경
우 국내산이 수입산보다 큰 비중을 차지하고 있으며 시황에 따라 그 비중을 조절하
며 운영하고 있습니다. 부재료인 합금철의 경우 국내 제조업체에서 주로 구매하고
있습니다.

[대한제강 주식회사]                                                      (단위: 천원)

| 사업부문 | 매입 유형 | 품 목 | 구체적 용도 | 매입액<br>(비율) | 비율 |
|---|---|---|---|---|---|
| 제 강<br>압 연 | 원재료 | 철스크랩<br>외부조달빌릿 | 빌릿 및 철근 주원료 | 320,101,973 | 71.22% |
| | 부재료 | 합금철 외 | 빌릿 및 철근 부원료 | 14,791,436 | 3.29% |
| | 저장품 | 내화물 외 | 빌릿 및 철근 부원료 | 20,497,815 | 4.56% |
| | 소     계 | | | 355,391,223 | 79.07% |
| 가 공 | 원재료 | 상품_일반철근 | 가공철근 주원료 | 94,049,582 | 20.93% |
| | 소     계 | | | 94,049,582 | 20.93% |
| 합     계 | | | | 449,440,805 | 100.00% |

[그림 4-9] 대한제강 주요 원재료

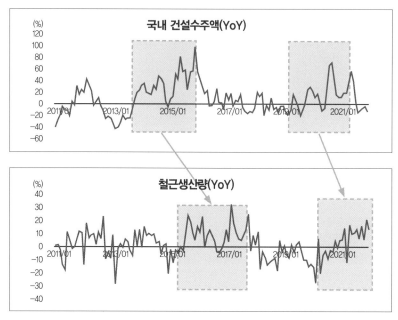

[그림 4-10] 건설수주액과 철근 생산량 증감률(2010~2021년)(출처: 통계청, 한국철강협회)

이처럼 철근 기업에서 중요한 것은 철근 가격과 철스크랩 가격과 철근 생산량입니다. 어떻게 이 지표들을 확인할 수 있을까요? 앞서와 다르지 않습니다. 철강 애널리스트 리포트나 관세청 HS코드를 통해 확인할 수 있습니다. HS코드는 철근 '72 14', 철스크랩 '72 04'입니다. 다만 철근은 수출금액에서 수출 물량을 나눈 수출 단가를 기준으로, 철스크랩은 수입금액에서 수입 물량을 나눈 수입 단가를 기준으로 봐야 합니다. 우리나라는 철스크랩 수입 비중이 높기 때문입니다. 해당 국가는 일본, 러시아, 미국순입니다.

왠일로 중국이 없지 하고 생각할 겁니다. 하지만 그렇지 않습니다.

앞서 중국이 환경오염 이슈로 조강생산량을 줄이고 있다고 말했습니다. 나아가 탄소배출이 많은 고로 방식의 설비를 전기로 방식으로 대체하고 있다고도 했습니다. 그래서 중국은 미국 등으로부터 철스크랩 수입을 금지시키기도 했습니다. 이 영향으로 철스크랩 가격은 한동안 떨어졌습니다. 반전의 시작점은 2020년 하반기입니다. 중국이 코로나 이후 대대적으로 경기 부양 드라이브를 펼치면서 철근 수요가 증가하기 시작합니다. 철근 수요의 증가는 철스크랩 수요가 많아짐을 의미하죠. 중국은 철스크랩 공급이 타이트해지자 수입 규제를 풉니다. 이는 고스란히 국내 철근 기업에게 영향을 미칩니다. 2020년 하반기를 지나면서 철스크랩 수입 가격이 큰 폭으로 상승했기 때문입니다. 다행히 철강 업체는 건설수주액 증가로 철근 수요도 많아지면서 철스크랩 가격 상승분이 철근 가격에 반영되고 있었습니다.

2021년과 2022년 기업 실적이 개선되고 있음에도 불구하고 시장에서는 여전히 우려의 시각이 있습니다. 철스크랩 가격의 강세는 철근 가격의 인상으로 이어집니다. 하지만 건설사 입장에서는 철근 가격 인상을 계속 용인하기 어렵습니다. 건설 호황으로 철근 수요가 증가하는 시기라면 협상력을 높일 수 있으나 건설 업황이 둔화되는 시기에는 가격 협상력의 주도권을 가져오기 쉽지 않습니다.

# 강관 시장은 미국 셰일오일 시장의 방향에 달려 있다

이번엔 강관 시장입니다. 개인적인 이야기를 풀자면 강관 기업 투자에 실패한 경험이 있습니다. 2017년 하반기에 저는 미국의 셰일오일/가스 생산량이 증가하면서 유정용 강관과 송유관 수출이 늘어나고 있다는 사실에 주목했습니다. 그러나 투자는 실패했고 결국 손실을 보았습니다.

무엇이 문제였을까요? 갑자기 수면 위로 떠오른 예상치 못한 정책 리스크가 제 발목을 잡았습니다. 2018년 봄 미국 정부가 국내 강관 제품에 반덤핑 관세를 부과하고 세이프가드 조치를 발동했습니다. 세이프가드는 미국이 자국 철강 산업을 보호하기 위한 조치입니다. 이에 우리나라는 3년 평균 강관 제품 수출금액의 51%를 초과할 수 없도록 수입 쿼터가 적용되었습니다. 이로 인해 미국향 강관 수출이 제한되면서 실적 부진으로 방향을 틀었습니다. 2021년에 접어들면서 상황은 달라졌습니다. 철강 제품이 부족해진 미국은 유럽과 일본에 대한 수입 제한을 풀었습니다. 우리나라에 적용된 반덤핑 관세는 2021년에 다시 인하되었으며 수입쿼터제는 현재 협상 중에 있습니다.

강관은 크게 둘로 나눌 수 있습니다. 유정용 강관과 송유관입니다. 유정용 강관은 유전에서 원유나 가스를 끌어올리는 데, 송유관은 끌어올린 원유나 가스를 운반하는 데 쓰입니다. 셰일오일/가스의 경우 셰일 암석을 뚫어서 뽑아내야 합니다. 이때 사용하는 장비가 굴착장비

(RIG)입니다. 즉 굴착장비 수가 늘어난다는 건 셰일오일/가스 생산이 증가한다는 뜻입니다. 셰일오일/가스 생산이 증가하면 강관 수요가 점차 많아진다고 해석할 수 있습니다.

국제유가와 굴착장비 수 그리고 강관 수출금액을 그려 보면 [그림 4-11]과 같습니다.

두바이유가 상승하는 시점은 셰일오일 생산이 증가하는 시기와 일치합니다. 이 시기에 굴착장비 수와 강관 수출금액도 증가하는 모습을 보입니다. 정확하게는 딱 한 번, 2018년을 제외하면 그렇습니다. 이때 바로 제가 앞서 언급한 세이프가드 조치가 발동되었습니다. 참고로 굴

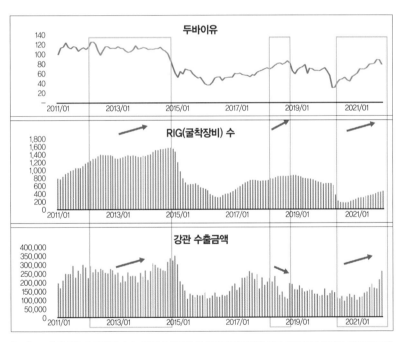

[그림 4-11] 국제유가, 굴착장비 수, 강관 수출금액 간 상관관계(관세청 자료 인용하여 저자가 새롭게 그림)

[그림 4-12] 강관 수출금액 확인하는 방법(출처: 관세청)

착장비 수는 인베스팅닷컴에서 제공하는 미국 베이커휴즈사의 굴착장
비 수 지표를 참고하면 주 단위로 파악이 가능합니다.

　강관 수출금액은 관세청 HS코드를 통해 확인 가능합니다. 강관의
HS코드는 '73 05', '73 06'입니다. 우리나라가 강관을 가장 많이 수출하
는 국가는 어디일까요? 바로 미국입니다. 관세청 사이트에 들어가서
품목별·국가별 수출입실적 메뉴를 통해 미국을 선택하고 HS코드를 검
색하면 됩니다.

1.  철강 생산 설비는 크게 고로 방식과 전기로 방식이 있습니다. 고로 방식은 철광석과 유연탄을 원재료로 열연 제품 등을, 전기로 방식은 철스크랩을 원재료로 철근 제품 등을 생산합니다. 대규모 설비투자로 진입 장벽이 높은 고로 방식은 가격 전이력을 보유하고 있습니다.

2.  철강 산업은 열연, 철근, 강관 시장을 중심으로 볼 필요가 있습니다. 전방산업과의 연결고리를 이해하는 것이 중요합니다. 열연 시장은 자동차/전자기기 시장, 철근은 건설 시장, 강관은 셰일오일 시장과 긴밀하게 연결되어 있습니다.

3.  열연 시장은 원재료인 철광석과 유연탄의 영향을 많이 받습니다. 철광석과 유연탄의 가격 상승은 열연 제품의 가격인상을 고려하게 한다는 점에서 중요합니다. 또 하나, 글로벌 철강 산업은 중국의 점유율이 높습니다. 중국이 열연 제품 가격을 인상하면 우리나라가 그 뒤를 따라갈 수밖에 없습니다. 따라서 중국 열연 제품 가격, 중국 정책 방향이 중요합니다.

4.  중국은 환경오염 이슈로 동절기마다 철강사 감산 정책을 펼치고 있습니다. 중국 철강사 가동률, 중국 조강생산량, 중국의

철강사 감산 정책은 열연 가격을 움직이는 또 하나의 중요한 변수라는 점에서 지속적으로 살펴봐야 할 포인트입니다.

5. 철근 시장은 주도적으로 제품 가격을 인상하기는 어렵습니다. 따라서 원재료인 철스크랩 가격과 전방산업인 건설수주액의 방향이 중요합니다. 철스크랩 수입 비중이 높다는 점에서 중국의 철스크랩 수입 금지와 재개 방향을 같이 살펴볼 필요가 있습니다.

6. 강관 시장은 국제유가와 셰일오일 생산량이 중요합니다. 또한 미국 시장을 유심히 들여다봐야 합니다. 미국의 셰일오일 생산 증가는 강관 수요 증가로 이어집니다. 선행 지표인 굴착장비 수 지표를 함께 활용할 수 있습니다.

## ■ 섹터별 주요 지표 소개

### 열연 섹터

- 열연 가격, 철광석 가격, 유연탄 가격, 열연-철광석 스프레드
- 중국 철강사 가동률, 중국/한국 조강생산량
- 중국 PMI

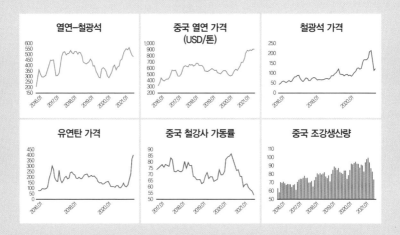

　　열연 섹터는 중국 열연 가격 방향이 중요합니다. 따라서 중국 열연 가격, 원재료인 철광석과 유연탄 가격 그리고 열연-철광석 스프레드 지표를 봐야 합니다. 공급 관점에서 중국 철강 생산이 증가 또는 감소하는지를 체크할 필요가 있습니다. 더불어 중국 조강생산량과 철강사 가동률 지표를 같이 보면 좋습니다.

## 철근 섹터

- 철근 가격, 철스크랩 국내가·수입가, 철근-철스크랩 롤마진
- 철근 생산량, 건설수주액, 철근 수입 중량(증감률)
- 고철 수입 중량(일본/러시아/미국)

철근 섹터는 철근 가격과 원재료인 철스크랩 수입 가격지표 방향이 중요합니다. 철근값에서 철스크랩값을 뺀 값인 롤마진은 철강사 실적 방향을 알려 줍니다. 여기에 건설수주액 대비 1년 후행하는 철근 생산량의 특성을 고려해 건설수주액 지표와 철근 생산량 지표를 보는 것도 중요합니다. 또한 철근 수입 물량이 증가하는지 감소하는지도 체크할 필요가 있습니다.

현명한 지표 투자

## 강관 섹터

- 강관 수출금액, 미국향 수출금액
- RIG(굴착장비) 수, 국제유가(두바이유)

강관 섹터는 국제유가(두바이유) 방향이 중요합니다. 두바이유 가격 상승은 셰일오일 생산 증가로 이어집니다. 이는 셰일층에서 셰일오일을 뽑아내는 굴착장비 수 지표 증가로 이어지고, 나아가 뽑아낸 셰일오일과 가스를 뽑아내 운반하는 강관 수출금액 증가로 이어집니다. 강관 섹터는 국제유가, 굴착장비 수, 강관 수출금액 지표를 함께 봐야 합니다.

## 컬러 강판 섹터

- 컬러 강판 가격, 냉연 가격, 컬러 강판-냉연 스프레드
- 컬러 강판 수출금액, 현대·기아차 글로벌 출하, 가전기기 판매 증감률

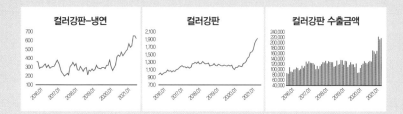

컬러 강판 섹터는 제품인 컬러 강판 가격과 원재료인 냉연 가격 그리고 컬러 강판-냉연 스프레드가 중요한 지표입니다. 그리고 컬러 강판 수출금액 지표를 함께 볼 필요가 있습니다. 컬러 강판이 주로 사용되는 전방산업은 자동차와 전자기기 시장입니다. 따라서 자동차 출하, 가전기기 판매지표도 같이 보면 업황 판단에 도움이 됩니다.

현명한 지표 투자

# 5장

# 비철금속

비철금속은 철 이외의 공업용 금속으로 아연, 구리(동), 납(연), 알루미늄, 니켈 등을 꼽을 수 있습니다. 참고로 아연의 50%는 아연도금—철물의 산화를 방지하기 위하여 아연을 표면에 얇게 입히는 일 또는 그런 방법. 용융 아연도금과 전기 아연도금이 있다—으로, 납의 80%는 자동차 및 산업용 배터리로, 니켈의 67%는 스테인리스강으로, 구리의 60% 이상은 건설과 장비에 사용됩니다. 아연도금은 건축자재 철강의 도금으로 사용됩니다. 이 분야 역시 중국을 빼놓으면 안 됩니다. 중국 비중이 압도적으로 높기 때문에 중국의 인프라투자 방향을 예의주시할 필요가 있습니다. 관련 지표는 중국 PMI입니다.

공급 관점에서 보면 글로벌 4대 광산업체가 있습니다. 전 세계에서 가장 많은 아연 광산을 보유한 글렌코어, 칠레의 구리 광산을 공동 소유하고 있는 호주의 BHP빌리턴과 리오 틴토 그리고 철광석 가격에 큰 영향을 미치는 브라질의 발레입니다. 비철금속 시장은 수요 공급이 긴밀하게 작동하고 있습니다. 일례로 2019년 초 브라질 발레사의 철광석 광산에서 댐 붕괴 사고가 발생했습니다. 생산 차질 규모는 연간 9000만 톤에 달했으며, 이는 전 세계 철광석 물동량의 6% 수준이었습니다. 이 여파로 2019년 상반기 철광석 가격이 급등했습니다. 반면 열연 가격은 부진한 모습을 보였습니다. 당시 중국은 미-중 무역 분쟁으로 경기가 침체되면서 PMI가 하락하고 있었고 이에 철강, 비철금속 업체들이 어려움을 겪었습니다.

2011년부터 2021년까지의 중국 PMI(NBS PMI), 아연, 구리 가격 흐름을 그림으로 그려 보았습니다[그림 5-1]. 중국 PMI, 아연, 구리 가격이 동행성을 보입니다. 이는 지극히 상식적입니다. 중국 인프라투자 증가는 중국 PMI 상승을 뜻하고, 중국 PMI 상승은 아연과 구리 등 비철금속 수요 증가로 이어지기 때문입니다. 여기서 주목할 지점은 ④번입니다. 2021년 하반기부터 중국 PMI와 아연, 구리가 다른 방향을 보기 때문이죠. 왜 이 같은 일이 발생한 걸까요?

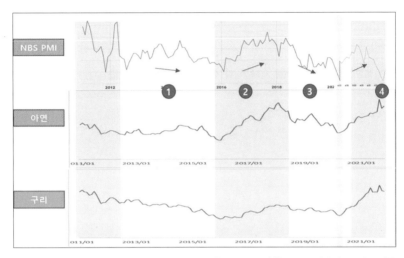

[그림 5-1] 중국 PMI(NBS PMI), 아연, 구리 가격 흐름(2011~2021년)(출처: 트레이딩 이코노믹스, 광물
자원공사)

아연 가격 강세의 배경을 살펴보면, 유럽에서 일어난 전력 대란으로 유럽 최대 아연 제련업

체인 Nyrstar가 공장 생산 감축을 감행했습니다. 전력 대란이 일어난 배경에는 천연가스 가

격 급등이 있습니다. 러시아-독일로 이어지는 야말-유럽가스관의 공급 이슈, 원전과 석탄발

전 중단에 따른 천연가스 수요 증가 등에 기인합니다.

2021년 하반기부터 알루미늄과 니켈 가격이 함께 상승 곡선을 보였습니다. 알루미늄 가격 강

세의 배경에는 중국이 있습니다. 알루미늄을 생산하는 기초광물은 보크사이트(철반석)입니

다. 보크사이트를 정제해 얻는 알루미나를 전기분해해서 알루미늄을 생산합니다. 중국은 알

루미나 전기분해 과정에서 뿜어져 나오는 탄소배출량을 줄이고자 알루미늄 생산 기업에 대한

환경 규제를 강화하고 있습니다. 규제 강화는 타이트한 공급과 가격 방향에 영향을 줍니다.

이처럼 비철금속 시장은 수요와 공급 관점에서 다양한 이슈가 발생합니다. 사실 비철금속이 주목받은 또 다른 배경에는 전기차 시장의 성장이 있습니다. 이제 전기차 시장과 비철금속을 떼어 놓고 이야기하기 어려운 시기입니다. 이 이야기도 같이해 보겠습니다.

# 비철금속 가격은
# 전기차 시장이 알려 준다

앞서 자동차/전기차 업종에서 살펴본 전기차 이야기를 기억할 겁니다. 2차전지 셀을 구성하는 양극, 음극, 분리막, 전해액 그리고 양극활물질, 음극활물질에 대해 설명했습니다. 이 가운데 특히 양극을 활성화하는 양극활물질에는 NCM이라고 해서 니켈(N), 코발트(C), 망간(M)이 사용됩니다. 음극에는 동박이 사용되며, 동박에는 구리가 사용됩니다. 그리고 전해액을 구성하는 전해질에는 리튬이 사용됩니다. NCM에서는 점점 니켈 사용 비중이 높아지고 있습니다. NCM 622(니켈, 코발트, 망간 비중이 6:2:2)가 대세였으나 지금은 NCM 811(니켈, 코발트, 망간 비중이 8:1:1) 양산 이야기가 나오고 있죠. 니켈 함량 비중을 높일수록 에너지밀도가 높아져서 주행거리가 늘어나는 효과가 있습니다. 니켈 함량 비중

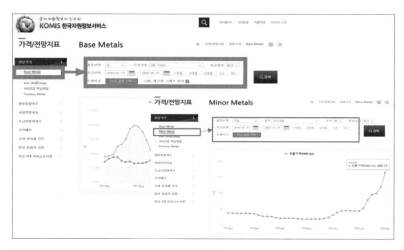

[그림 5-2] 비철금속 가격 확인 방법(출처: 광물자원공사)

을 높인 하이니켈 배터리 수요 증가는 니켈 수요의 증가를 의미합니다.

알루미늄 수요 증가도 예상됩니다. 전기차는 배터리를 탑재하기 때문에 동급 내연기관차보다 최소 20% 이상 더 무겁습니다. 따라서 무게에 민감할 수밖에 없겠죠. 결국 경량화 이슈가 중요합니다. 전기차에는 내연기관 장착 차량 대비 70kg 많은 평균 250kg의 알루미늄이 투입된다고 합니다. 이것이 알루미늄 수요 증가를 전망하는 이유입니다.

비철금속 가격 추이를 지속적으로 확인하는 것은 투자 판단에 도움이 됩니다. 광물자원공사 사이트의 Base Metals에서는 국제 시세인 런던금속거래소(LME, London Metal Exchange) 기준 아연, 구리, 니켈, 납, 알루미늄 가격을, Minor Metals에서는 리튬, 코발트 가격을 확인할 수 있습니다. 이 지표를 전기차 주요 지표와 함께 체크해야 합니다.

# 납 가격과 세방전지

전통적인 비철금속 시장 이야기도 빼놓을 수 없습니다. 고려아연과 아연 가격, 풍산과 구리 가격, 현대비앤지스틸과 니켈 가격을 펼쳐 보면 일정 수준 동행성을 갖습니다. 반면에 세방전지와 납 가격, 중소형 알루미늄 기업과 알루미늄 가격을 펼쳐 보면 동행성보다는 역행성을 갖습니다. 이유는 고려아연은 아연정광을 제련해 아연을 생산하고, 풍산은 생산 제품이 구리 가격과 연동하는 기업이기 때문입니다. 니켈은 스테인리스강 가격과 연동하는 성격이 있기 때문에 또한 동행성을 갖습니다. 부연하면 현대비앤지스틸과 황금에스티는 POSCO에서 열간압연 스테인리스 코일을 사와서 재단하고 표면 처리와 강재 특성을 변화시킨 냉간압연 제품을 판매하는 기업입니다. 이 두 기업이 동행성을 갖는 이유는 열간압연 스테인리스 가격이 니켈 가격과 연동하기 때문입니다.

우리나라 아연 생산 1위 기업은 고려아연입니다. 아연정광을 수입해 제련해서 아연을 생산합니다. 고려아연 실적을 결정하는 요소는 아연정광, 제련 수수료, 아연 가격입니다. LME 기준 아연 가격이 상승할수록 이익이 증가하는 구조입니다. 그리고 제련 수수료(T/C)도 중요합니다. 예를 들어 글렌코어 같은 아연 광산업체로부터 아연정광 수입 가격이 톤당 1,000달러이고 제련 수수료(T/C)가 200달러라고 하면 아연정광 비용으로 제련 수수료를 제외한 800달러를 지급하게 됩니다. 제련 수수료가 높을수록 원가 부담이 감소하는 구조입니다.

아연정광 수입 가격(톤) – 제련 수수료(T/C) = 아연정광 비용 지불 금액

따라서 제련 수수료가 증가하느냐 감소하느냐를 보는 것도 중요한 데요, 이는 아연 광산과 아연 제련사 간의 힘겨루기이기도 합니다. 아연 가격 상승과 제련 수수료 상승은 실적에 긍정적인 영향을 줍니다. 반대로 아연 가격 부진과 아연정광 수급이 타이트해지면서 제련 수수료가 하락하게 되면 실적 전망은 부정적으로 변합니다.

반면 납과 알루미늄은 수입을 한다는 점에서 역행성을 갖습니다. 물론 원재료 가격 상승분을 제품 가격인상으로 연결한다면 상황은 또 달라집니다. 다만 전방산업이 호황이 아닌 불황의 시기에 일어나는 제품 가격인상은 제한적이겠죠.

우리나라 납축전지 생산 1위 기업은 세방전지입니다. 납축전지는 납을 원재료로 활용하며 주로 차량용 배터리로 사용됩니다. 지금부터는 납축전지 시장을 통해 비철금속 시장을 조금 더 살펴보겠습니다.

**4. 주요 제품**
**가. 주요 제품**

(단위 : 백만원)

| 사업부문 | 매출유형 | 품 목 | 구체적용도 | 주요상표등 | 매출액 | 비율 |
|---|---|---|---|---|---|---|
| 축전지 | 제품 | 차량용 | 차량용 | ROCKET | 921,060 | 73.52% |
| | | 산업용 | UPS용 외 | " | 203,804 | 16.27% |
| | | 재생연 | 축전지제조 | | 111,755 | 8.92% |
| | 상품 | 차량용 | 차량용 | | 3,314 | 0.26% |
| | | 산업용 | UPS용 외 | | 11,111 | 0.89% |
| | | 이륜용 | 오토바이용 | | 1,747 | 0.14% |
| 계 | | | | | 1,252,791 | 100.00% |

[그림 5-3] 세방전지 주요 제품

세방전지 사업보고서를 펼쳐 보겠습니다. '사업의 내용'을 보면 주요 제품이 나옵니다[그림 5-3]. 차량용 납축전지 매출 비중이 73%를 넘어섭니다. 즉 핵심 제품은 차량용 납축전지이며 전방산업은 자동차 시장이라는 걸 확인할 수 있습니다.

주요 원재료를 보면 납(연)의 비중이 67%로 가장 높습니다[그림

**5. 주요 원재료 등의 현황**
**가. 주요 원재료**

(단위 : 백만원 )

| 사업부문 | 매입유형 | 품 목 | 구체적용도 | 매입액 | 비율(%) | 비 고 |
|---|---|---|---|---|---|---|
| 각종<br>축전지 | 원재료 | 납(연) | 축전지제조 | 505,389 | 67.3% | 고려아연<br>外 |
| | | 격리판<br>(SEPARATOR) | " | 34,036 | 4.6% | 세방산업<br>外 |
| | | 전 조<br>(CASE) | " | 36,980 | 4.9% | |
| | | 카 바<br>(COVER) | " | 29,393 | 3.9% | " |
| | | 기 타 | " | 62,589 | 8.3% | |
| | | 폐전지 등 | 납제조 | 82,477 | 11.0% | |
| | 계 | | | 750,864 | 100.0% | |

※ 주요 매입처 중 세방산업은 당사의 계열회사임

[그림 5-4] 세방전지 주요 원재료

**6. 생산 및 설비에 관한 사항**
**가. 생산능력 및 생산능력 산출근거**
**(1) 생산능력**

(단위 : 천대)

| 사업부문 | 품 목 | 사업소 | 제55기 | 제54기 | 제53기 |
|---|---|---|---|---|---|
| 축전지 | 차량용 | 창 원 | 2,561 | 2,517 | 2,376 |
| | | 광 주 | 16,569 | 18,504 | 17,078 |
| | | 소 계 | 19,130 | 21,021 | 19,454 |
| | 산업용 | 창 원 | 1,092 | 1,034 | 1,054 |
| | | 광 주 | – | – | 134 |
| | | 소 계 | 1,092 | 1,034 | 1,188 |
| | 합 계 | | 20,222 | 22,055 | 20,642 |

[그림 5-5] 세방전지 생산 및 설비에 관한 사항

**7. 매출에 관한 사항**
**가. 매출실적**

(단위 : 백만원)

| 사업부문 | 매출유형 | 품 목 | | 제55기 | 제54기 | 제53기 |
|---|---|---|---|---|---|---|
| 각종 축전지 | 제품 | 자동차용 외 | 내수 | 447,669 | 359,115 | 381,945 |
| | | | 수출 | 788,950 | 762,966 | 782,565 |
| | | | 합계 | 1,236,619 | 1,122,081 | 1,164,510 |
| | 상품 | 자동차용 외 | 내수 | 12,439 | 12,269 | 11,756 |
| | | | 수출 | 3,733 | 4,658 | 4,620 |
| | | | 합계 | 16,172 | 16,927 | 16,376 |
| 합 계 | | | 내수 | 460,108 | 371,384 | 393,701 |
| | | | 수출 | 792,683 | 767,624 | 787,185 |
| | | | 합계 | 1,252,791 | 1,139,008 | 1,180,886 |

[그림 5-6] 세방전지 매출

5-4]. 납축전지를 만드는 원재료는 단연 납 비중이 높습니다. 납 가격은 국제 기준(LME)을 따릅니다. 생산 및 설비에 관한 사항을 보면 생산능력이 나옵니다[그림 5-5]. 세방전지의 주요 공장은 창원과 광주에 있습니다. 둘 중 광주 공장의 생산능력이 월등히 높은 것을 확인할 수 있죠. 마지막으로 매출에 관한 사항을 보면 내수와 수출별 매출 실적이 나옵니다[그림 5-6]. 수출의 비중이 2배 정도 더 높습니다.

우리는 세방전지 사업보고서를 통해 중요한 사실을 확인할 수 있습니다. '주요 제품은 납축전지이고 시장점유율은 1위다. 원재료는 납 비중이 가장 높고, 메인 공장은 광주에 있으며, 수출 비중이 높다.' 이처럼 시장점유율이 높은 기업의 실적을 추정할 때는 무역협회 수출 데이터를 활용하면 좋습니다. 무역협회 사이트 활용법은 [그림 5-7]과 같습니다.

① '무역협회(KITA) → 국내 통계 - 지자체 수출입 → 지역 구분 → 기초자치별'을 순서대로 클릭한다.

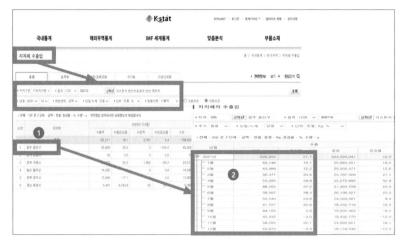

[그림 5-7] 무역협회 사이트 활용법

② HSK(HS수출 코드)에 납축전지 수출 코드인 '850710'을 입력한다.

③ 검색하면 기초자치별 납축전지 수출금액과 수출증감률이 나온다.

앞서 세방전지의 메인 공장이 광주에 있다는 걸 확인했죠? 광주 광산구를 클릭하면 월 단위 세부 수출 데이터를 확인할 수 있습니다. 이수출 데이터가 세방전지의 납축전지 수출금액을 알려 줍니다. 나아가 수출금액에서 수출 물량을 나누면 납축전지 평균 수출 단가도 파악할수 있습니다. 납 가격은 앞서 소개한 광물자원공사를 통해 확인할 수 있습니다. 이렇게 되면 세방전지 실적을 추정하는 작업은 수월해집니다. 수출금액 비중이 높기 때문에 수출금액의 방향이 매출액의 방향을 알려 주고, 납축전지 수출 단가에서 납 가격을 뺀 스프레드를 통해 이익률의 방향을 파악할 수 있습니다. 실제 그림으로 확인해 볼까요? [그

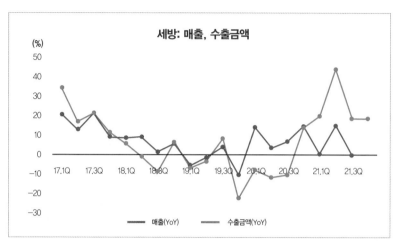

[그림 5-8] 세방전지 매출액 증가율과 수출금액 증감률(출처: 무역협회, 광물자원공사)

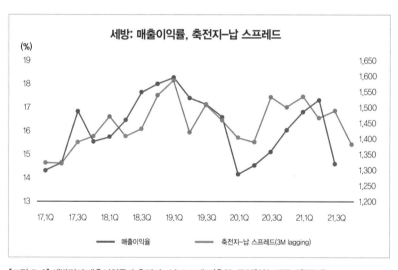

[그림 5-9] 세방전지 매출이익률과 축전지 · 납 스프레드(출처: 무역협회, 광물자원공사)

림 5-8]은 세방전지 매출액 증가율과 수출금액 증감률입니다. 동행성을 보이죠? 또한 [그림 5-9]를 보면 세방전지 매출이익률과 축전지-납 스프레드가 동행한다는 것을 확인할 수 있습니다.

세방전지를 통해 비철금속 기업 실적 추정 방법을 알아보았습니다. 이는 비단 비철금속에만 적용되는 방법이 아닙니다. 수출 비중이 높은 기업의 실적을 추정할 때 유용한 접근입니다. 생산 비중이 높은 공장을 기준으로 해당 지역의 수출금액을 파악할 수 있죠. 그리고 원재료 가격을 파악해서 제품과 원재료 간 스프레드를 통해 이익 방향 또한 예상할 수 있습니다.

1. 비철금속 가격 방향은 중국 시장이 중요합니다. 수요를 알려 주는 중국 PMI 방향이 특히 중요합니다. '중국 인프라투자 확대=중국 PMI 상승=비철금속 수요 증가'의 흐름입니다.

2. 공급 관점도 중요합니다. 공급 차질은 비철금속 가격에 영향을 줍니다. 일례로 2021년 하반기 천연가스 가격 상승을 야기한 전력 비용의 증가는 아연 제련 공장가동률을 낮추면서 아연 가격 상승으로 이어졌습니다. 또한 알루미늄 생산과정에서 탄소배출 이슈로 생산 공장 규제가 발생했고 이 역시 알루미늄 가격 상승에 영향을 끼쳤습니다.

3. 전기차 시장의 성장이 비철금속 수요에 영향을 끼치고 있습니다. 2차전지 셀의 NCM에서는 니켈 비중이, 음극에서는 동박 수요가, 전해액에서는 리튬 수요가 증가하고 있습니다. 전기차 경량화 이슈는 알루미늄 수요 증가를 이끌고 있습니다.

4. 비철금속 기업 실적 추정 시 LME 기준 비철금속 가격을 확인하고 무역협회를 통해 수출 지표를 활용하는 것은 유용합니다. 비단 비철금속뿐만 아니라 수출 비중이 높은 기업은 공통적으로 활용할 수 있는 강력한 무기입니다.

## ■ 섹터별 주요 지표

### 아연 섹터

- 비철금속 가격: 아연, 납(연), 구리(동), 알루미늄, 니켈 가격
- 중국 PMI(NBS PMI)

아연 섹터 주요 지표는 아연, 납(연) 가격, 중국 NBS PMI 지표입니다. 아연 가격 방향이 가장 중요합니다. 아연의 50%는 아연도금으로 사용되는데 주로 건축자재 철강 도금용입니다. 인프라투자와 연계성이 높습니다. 중국 PMI 방향이 아연 수요를 알려 준다는 점에서 역시 체크해야 할 지표입니다.

### 구리 섹터

- 비철금속 가격: 구리(동), 아연, 납(연), 알루미늄, 니켈 가격
- 중국 PMI(NBS PMI)
- 전기차: 동박 수출금액

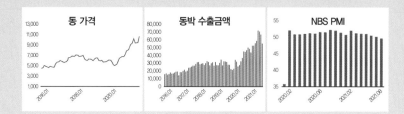

구리 섹터는 구리(동) 가격, 중국 PMI 지표가 중요합니다. 구리의 60% 이상이 건설과 장비에 사용된다는 점에서 소비 비중이 가장 높은 중국 인프라투자 방향이 중요합니다. 여기에 덧붙여 전기차 수요 증가로 2차전지 셀의 음극에 동박 사용이 늘어나고 있습니다. 따라서 중국과 전기차 지표를 같이 볼 필요가 있습니다.

### 니켈 섹터

- 비철금속 가격: 니켈, 구리(동), 아연, 납(연), 알루미늄 가격
- 중국 PMI(NBS PMI)
- 전기차: NCM(양극재) 수출금액

니켈 섹터는 스테인리스강 수요 비중이 60% 이상을 차지하고 있습니다만 여기에 점점 2차전지 셀의 NCM 양극활물질 활용도가 높아지고 있습니다. NCM, 즉 니켈(N), 코발트(C), 망간(M)에서 니켈 수요 증가는 2차전지 에너지 밀도를 높여 주행거리를 늘리는 시도와 연결됩니다. 니켈 가격과 NCM양극재 수출금액 지표를 함께 볼 필요가 있습니다.

# 6장

## 반도체

먼저 메모리와 비메모리반도체를 구분해 보겠습니다. 메모리반도체는 정보를 저장하고 기억하는 기능을 가졌으며, 대표적으로 DRAM, NAND Flash가 있습니다. 비메모리반도체는 정보 처리를 목적으로 제작되는 반도체입니다. 특성에 따라 아날로그, 로직, 마이크로, 센서 등이 있습니다.

메모리반도체 시장의 글로벌 강자는 삼성전자와 SK하이닉스입니다. 삼성전자가 2030년까지 비메모리반도체 글로벌 1위라는 포부를 발표했을 때 시장 반응은 다소 미지근했습니다. 메모리반도체 글로벌 1위라는 위상과는 달리 비메모리반도체 위상이 높지 않았고, 특히 반도체 제조를 위탁받아 생산하는 파운드리 시장에서는 대만의 TSMC라고 하는 거대한 장벽이 존재했기 때문입니다. 그러나 2022년 현 시점에서 바라보면 반도체 시장의 역학 구조 변화와 파운드리 시장 역량의 강화로 비메모리반도체 시장 글로벌 1위라는 삼성전자의 포부가 현실화될 수도 있다는 전망이 조금씩 고개를 들고 있습니다.

삼성전자의 자신감은 어디에서 나온 걸까요? 나아가 시장은 연일 파운드리 시장에 대해 이야기하고 수혜주를 찾고 있습니다. 이와 관련해서 이야기를 하나씩 풀어 보겠습니다.

# 반도체 밸류체인과
# 반도체 공정

반도체 시장을 이야기하기에 앞서 반도체 밸류체인과 공정을 들여다보겠습니다. 먼저 반도체 밸류체인을 보면, 종합 반도체 업체(Integrated Device Manufacturer, IDM), 팹리스(Fabless), 파운드리(Foundary)

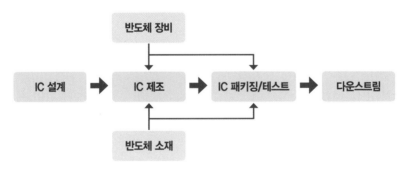

[그림 6-1] 반도체 밸류체인

로 나눌 수 있습니다.

 IDM은 반도체 설계, 제조, 패키징, 테스트까지 자체 해결 가능한 종합 반도체 업체입니다. 대표적으로 삼성전자, SK하이닉스, Micron이 있습니다. 팹리스는 생산은 하지 않고 반도체 설계만 하는 업체입니다. 대표적으로 퀄컴, NVIDIA, 텔레칩스가 해당됩니다. 파운드리는 다른 업체가 설계한 반도체를 생산·공급하는 업체이며 TSMC, DB하이텍, 삼성전자 파운드리 사업이 해당됩니다.

 반도체 공정을 알면 반도체에 대한 이해가 더욱 쉽습니다. 반도체 공정은 반도체 설계 단계, 전공정 단계, 후공정 단계를 거친 후 집적회로를 출하합니다. 전공정은 웨이퍼를 가공해서 칩을 만드는 공정이고, 후공정은 칩을 보호하기 위해 패키징하는 공정입니다.

 먼저 웨이퍼 제작과 회로 설계 공정을 진행해 놓은 다음 전공정 단계에 들어갑니다. 순서는 산화 공정, 마스크 공정, 포토 공정, 식각 공

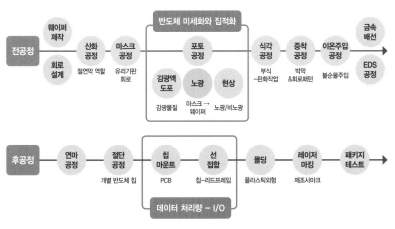

[그림 6-2] 반도체 공정

정, 증착 공정, 이온 주입, 금속 배선, EDS 공정순입니다.

간략히 설명해 보면, 산화 공정은 웨이퍼 표면에 산화제를 뿌려서 오염 물질로부터 실리콘 표면을 보호하고 합선되지 않도록 절연막 역할을 합니다. 마스크 공정은 웨이퍼에 그려 넣을 회로를 유리 기판에 그려서 마스크를 만드는 공정입니다. 마스크 공정을 거쳐서 필름을 찍어 내듯 회로 패턴을 그려 내는 공정이 포토 공정인데요. 다시 말해 유리 기판의 회로를 웨이퍼로 옮기는 작업입니다. 마치 사진기로 사진을 찍는 것과 같습니다. 식각 공정은 일종의 판화 작업입니다. 웨이퍼 표면을 부식시켜 필요한 회로만 남기고 나머지는 선택적으로 제거하는 공정입니다. 증착 공정은 웨이퍼 위에 박막을 입히고 회로 패턴을 그려 내는 작업이며 이후 불순물인 이온을 주입해 전도성을 띠게 합니다. 이제 회로 패턴을 따라 전자가 이동할 수 있도록 금속 배선 공정을 하고, 마지막으로 EDS 공정을 통해 수율을 체크하면 전공정이 마무리됩니다.

전공정 가운데 가장 중요한 공정은 '포토 공정'입니다. 포토 공정은 우리가 카메라로 사진을 찍는 과정, 즉 카메라 렌즈를 닦고 사진을 찍고 현상을 하는 과정과 유사합니다. 사진을 잘 찍기 위해 하는 행위처럼 포토 공정은 감광물질을 웨이퍼에 바르고(감광액 도포), 노광 장비로 마스크를 웨이퍼에 쪼아서 회로를 옮기고(노광), 노광된 영역과 비노광된 영역을 선택적으로 제거해 패턴을 만드는 단계(현상)를 거칩니다. 이처럼 포토 공정은 감광액 도포, 노광, 현상 이렇게 3단계로 나눌 수 있는데요. 이 가운데에서 가장 중요한 공정은 회로를 웨이퍼에 옮기는 '노광' 공정입니다.

반도체 공정이 진화한다는 것은 이 노광 공정이 미세화된다는 것과 거의 같은 맥락입니다. 반도체 공정이 미세화될수록 전력 소모는 감소하고 성능은 개선됩니다. 네덜란드 반도체 장비업체 ASML이 EUV(극자외선) 장비를 개발하면서 노광 공정이 더욱 진화하고 있습니다. EUV 장비를 도입한 삼성전자와 TSMC는 7나노, 5나노까지 제품 양산에 성공하고 2022년에는 3나노 제품 양산까지 나아가고 있습니다.

여기서 꼭 기억해야 할 것이 있습니다. 노광 장비 도입으로 반도체 칩의 면적은 감소하고 성능은 개선되는 비약적인 진화를 하고 있는데요. 그런데 아무리 반도체 칩의 성능이 개선되더라도 칩과 기판 간 데이터 처리가 효율적이지 않다면 말짱 도루묵이 됩니다. 그래서 칩을 패키징하는 후공정이 점점 중요해지고 있습니다.

이 관점에서 이제 후공정을 설명해 보겠습니다. 먼저 연마 공정을 통해 웨이퍼 뒷면을 갈아 냅니다. 그런 후에 절단 공정을 통해 다이아몬드 톱으로 웨이퍼를 절단해 개별 반도체 칩으로 분리하는 단계를 거치죠. 다음으로 칩 마운트 공정을 통해 절단한 칩을 PCB에 옮겨 붙입니다. 이어 선접합 공정을 통해 반도체 칩의 접착점과 리드 프레임의 접착점 사이에 금선을 연결해 전기가 통하게 합니다. 몰딩은 플라스틱 조각 모양으로 외형을 만드는 단계입니다. 이후 레이저 마킹 공정을 통해 제조회사 마크를 인쇄하고, 이제 최종적으로 패키지 테스트 공정을 통해 내구성을 판단하는 과정을 거치면 후공정이 마무리됩니다. 후공정에서 '칩마운트'와 '선접합 공정'이 점점 중요해지고 있습니다. 앞서 반도체 칩의 성능이 개선될수록 데이터 처리 효율을 얼마나 향상시킬 수 있느냐가 중요하기 때문이라고 했죠.

이상 반도체 공정을 살펴보았습니다. 여기서 몇 가지 키워드를 뽑아낼 수 있습니다. 하나는 노광 공정에서 EUV 장비 도입을 통한 반도체 미세화와 집적화, 다시 말해 반도체 성능 개선입니다. 파운드리 시장이 점점 중요해지고 있는 흐름과 연결됩니다. 그리고 또 하나는 반도체 칩의 성능 개선에 따른 데이터 처리 기술의 향상입니다. 후공정 패키징 기술이 중요해지고 있다는 것입니다.

## 파운드리 시장의 두 방향

EUV 장비 도입이 파운드리 시장에 어떤 변화를 주고 있는지 깊숙하게 들여다볼 필요가 있습니다. 파운드리 사업자의 위상과 중요성이 점점 증가하고 있습니다. 전통적인 역할 구조로 보면 팹리스가 칩 설계를 하고 파운드리가 생산을 하면, 제조사는 팹리스 업체의 기성 제품을 활용하는 구조입니다. 그런데 시장이 변하고 있습니다. 변화의 시작은 Big Tech 기업들이 자체적으로 반도체를 개발하면서부터입니다.

애플은 자체 설계한 M1(애플 실리콘)을 적용한 PC를 개발하고 있습니다. 기존 인텔이나 AMD의 x86 기반이 아니라 ARM코어 기반 CPU를 개발해서 애플 제품에 탑재하고 있습니다. 구글은 데이터센터용 AI칩 TPU(Tensor Processing Unit)를 개발하고 있고, 테슬라는 딥러닝 훈련용

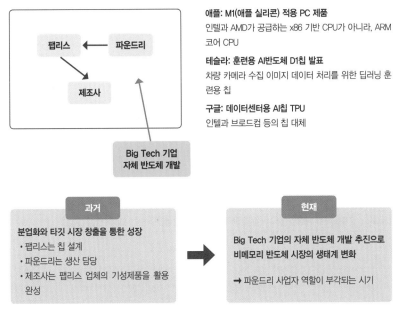

**애플: M1(애플 실리콘) 적용 PC 제품**
인텔과 AMD가 공급하는 x86 기반 CPU가 아니라, ARM
코어 CPU

**테슬라: 훈련용 AI반도체 D1칩 발표**
차량 카메라 수집 이미지 데이터 처리를 위한 딥러닝 훈
련용 칩

**구글: 데이터센터용 AI칩 TPU**
인텔과 브로드컴 등의 칩 대체

**팹리스 ← 파운드리**

**제조사**

**Big Tech 기업
자체 반도체 개발**

**과거**

**분업화와 타깃 시장 창출을 통한 성장**
• 팹리스는 칩 설계
• 파운드리는 생산 담당
• 제조사는 팹리스 업체의 기성제품을 활용
  완성

**현재**

**Big Tech 기업의 자체 반도체 개발 추진으로
비메모리 반도체 시장의 생태계 변화**

➔ 파운드리 사업자 역할이 부각되는 시기

[그림 6-3] 파운드리 시장의 변화 흐름

AI 반도체 D1칩을 발표했습니다.

이렇게 Big Tech 기업이 자체적으로 반도체를 개발하자 위탁생산
수요가 증가하면서 파운드리 사업자의 몸값이 천정부지 올라가고 있
습니다.

파운드리 시장의 주요 사업자를 보면 시장점유율 50% 안팎을 유
지하는 TSMC, 20% 안팎인 삼성전자가 시장을 주도하고 있고 그 뒤
를 글로벌파운드리스, UMC, SMIC 등이 쫓고 있습니다. 앞서 말했듯이
TSMC와 삼성전자가 EUV 장비 도입을 통해 10나노 이하 선단 공정인 7
나노, 5나노까지 치고 나가고 있고 2022년에는 3나노 제품 양산까지 나
아가고 있습니다. 반면 글로벌파운드리스와 UMC, SMIC는 7나노 양산

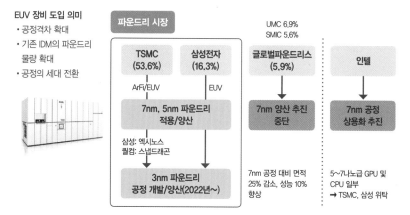

[그림 6-4] 파운드리 시장의 주요 사업자(출처: ASML, 하나금융투자)

추진을 중단하고 주로 10나노 이상인 레거시 공정에 집중하면서 TSMC
와 삼성전자 간의 격차가 점점 벌어지고 있습니다. 파운드리 시장을 정
리해 보면, TSMC와 삼성전자는 선단 공정으로, 글로벌파운드리스와
UMC, SMIC는 레거시 공정에 집중하는 양상입니다. 시장이 이분화되
는 모습입니다.


# 차량용 반도체
# 숏티지 배경


2021년부터 차량용 반도체 숏티지 이슈가 지속적으로 회자되고 있
습니다. 차량용 반도체 부족으로 완성차 시장의 자동차 출하는 부진한
반면 중고차 가격은 상승하는 이례적인 상황이 벌어진 것인데요. 왜 이

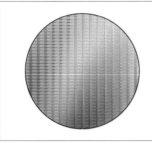

**8″(200mm) 웨이퍼**
- 다품종 소량생산, 원가 경쟁력
- 저화소 이미지센서, 파워반도체, 디스플레이구동칩, 차량용반도체

**12″(300mm) 웨이퍼**
- 8″ 대비 생산량 2.25배 증가, 미세회로 구현
- 그래픽 처리장치(GPU), CPU 등

[그림 6-5] 8인치 웨이퍼와 12인치 웨이퍼

런 일이 발생했을까요? 표면적으로 보면 차량용 반도체 숏티지는 2021년 봄 가뭄과 화재가 원인입니다. 이에 아날로그 반도체를 생산하는 NXP와 르네사스의 차량용 반도체 생산에 차질이 생겼습니다. 그러나 이면을 살펴보면 보다 근본적인 원인이 있습니다. 바로 8인치 웨이퍼 시장 숏티지 영향입니다.

잠시 8인치 웨이퍼와 12인치 웨이퍼 이야기를 해 보겠습니다[그림 6-5]. 8인치 웨이퍼는 200mm, 12인치 웨이퍼는 300mm입니다. 면적으로 따져 보면 12인치 웨이퍼가 약 2.25배 크죠. 면적이 넓다는 것은 생산량이 2.25배 증가한다는 것과 더불어 미세회로 구현에 보다 적합하다는 것을 의미합니다.

시장이 12인치에 집중되면서 자연스럽게 공정 기술도 12인치 중심으로 가게 되고 공정 개발 업체 역시 12인치가 중심이 되었습니다. 이는 고성능 CPU, GPU 시장과 연결되어 12인치 웨이퍼로 이제 3나노까지 진화하고 있습니다. 그런데 앞서 본 것과 같이 Big Tech 기업들이 자체 반도체 설계를 통해 수요를 창출하는 시기입니다. 사물인터넷, 자율주행, 5G 이동통신 등으로 반도체 수요가 증가하고 있습니다. 다시 말해 저화소 이미지센서, 파워반도체, 디스플레이구동칩(DDI), 차량용 반도체 제품에 영향을 주고 있습니다. 이 제품들은 다품종 소량 생산으로 8인치 웨이퍼 생산이 요구됩니다. 최근 숏티지의 중심이 바로 8인치 웨이퍼 시장입니다. 그러면 12인치 웨이퍼 시장이 여유로울까요? 그렇지 않죠. 이 시장은 고성능 CPU, GPU 개발에 사활을 걸고 있습니다. 3나노 시장으로 달려가고 있으며, TSMC와 삼성전자가 격전을 치르고 있습니다.

파운드리 사업자들은 8인치 웨이퍼 설비를 증설하고 12인치 웨이퍼 설비 일부를 8인치로 전환하는 작업을 하고 있습니다. 증설, 설비 전환 그리고 생산 안정화 작업까지는 1년여의 시간이 소요됩니다. 이 상황이 자동차 업종에 지속적으로 영향을 끼치고 있습니다. 자동차 출하가 정상화된다는 것은 8인치 웨이퍼 생산능력이 안정화된다는 것과 같은 의미입니다.


# 반도체 후공정 시장이 주목받는 이유

메모리반도체는 소품종 대량생산이므로 삼성전자나 SK하이닉스는 전공정과 후공정을 자체적으로 소화하는 비율이 상대적으로 높습니다. 그렇지만 비메모리반도체는 상황이 다릅니다. 다품종 소량 생산이

므로 파운드리는 전공정에 집중하고 후공정은 외주로 돌리는 것이 보다 효율적입니다. 실제 대만의 경우도 TSMC는 전공정에 집중하고, 후공정은 주로 외주를 주고 있죠. ASE, SPIL, PTI 같은 대만 후공정 기업들을 들어 봤을 겁니다. 파운드리 시장이 중요해질수록, 다시 말해 삼성전자가 파운드리 시장에서 강력한 드라이브를 걸수록 우리나라 후공정 기업에게 기회가 많이 돌아갑니다. 특히 후공정 반도체의 소재, 장비 업체의 수주 물량이 확대될 가능성이 높습니다.

앞서 전공정은 웨이퍼를 가공해서 칩을 만드는 공정이고, 후공정은 칩을 보호하기 위해 패키징하는 공정이라고 했습니다. 노광 장비의 도입으로 반도체 칩의 면적은 감소하고 성능은 개선되는 비약적인 진화를 하고 있다고도 했습니다. 나아가 아무리 반도체 칩의 성능이 개선되더라도 칩과 기판 간 데이터 처리가 효율적이지 않다면 말짱 도루묵이 된다는 점에서 후공정에서 '칩마운트'와 '선접합공정'이 점점 중요해지고 있다는 것도 기억할 겁니다.

결국 데이터 처리 효율을 얼마나 향상시킬 수 있느냐 하는 것인데요. 대표적으로 WLP(Wafer Level Packaging)와 PLP(Panel Level Packaging) 패키징 공정과 관련됩니다. 패키징을 단순화해서 이야기하면 외부의 습기나 불순물로부터 칩을 보호하고, 칩에서 발생되는 열을 외부로 방출하는 역할과 함께 PCB 기판과 칩을 전기적으로 연결하는 과정입니다. PCB 기판과 칩을 전기적으로 연결하는 대표적인 방식은 선으로 연결하는 Wire Bonding 방식과 볼 모양의 범프로 연결하는 Flip Chip 방식이 있습니다. 선보다는 범프로 연결하는 게 훨씬 효과가 좋습니다.

신호 경로가 짧고 처리 속도가 우월하기 때문입니다. 고밀도 반도체에 적합합니다.

Flip Chip은 또 두 가지 방식으로 나뉩니다. 스마트폰용 AP 패키지인 FC CSP(Chip Scale Package), PC용 CPU, GPU용 패키지인 FC BGA(Ball Grid Array)입니다. FC CSP는 칩과 기판 사이즈가 비슷하고, FC BGA는 칩보다 기판 사이즈가 훨씬 커 PC용에 보다 적합합니다. FC CSP와 FC BGA 방식에서 더 진화한 모델로는 SiP, AiP 패키징 방식 등이 있습니다. SiP(System in Package)는 기판에 여러 수동 부품과 반도체를 하나의 시스템으로 패키징한 것입니다. 즉 이제 메인 기판에 SiP 하나만 있으면 된다는 이야기입니다.

PCB 업체로는 삼성전기, LG이노텍, 심텍, 대덕전자 등이 있습니다. 삼성전기와 대덕전자는 주로 FC BGA 투자를 통해 PC와 서버 시장에 집중했고, LG이노텍과 심텍은 FC CSP 투자로 스마트폰 시장에 집중했습니다. 과거에는 주력 분야가 달랐지만 지금은 FC BGA, FC CSP, SiP 패키징으로 계속 진화하는 모습입니다. 2021년 LG이노텍이 1조 규모의 FC BGA 신규 생산라인 투자를 공시한 바 있습니다. 삼성전기는 애플향 M1 FC-BGA 기판 납품 계약을 했습니다. 미래 먹거리를 차곡차곡 확보해 나가는 모습입니다.

다시 WLP와 PLP 패키징 공정 이야기로 돌아오겠습니다. 2016년 삼성전자는 애플 아이폰 7용 AP 물량을 TSMC에 빼앗겼습니다. 당시 TSMC가 아이폰 7용 AP를 WLP 기술로 패키징하면서 파운드리 시장에 변화를 가져온 것인데요. WLP는 자르지 않은 웨이퍼 위에 패키징을

한 후 절단(다이싱)하는 방식입니다. 즉 기존 후공정에서는 웨이퍼에 칩을 하나하나 자른 후 패키징을 하는 반면, WLP에서는 Wafer Level에서 한꺼번에 처리가 가능해지면서 생산 효율이 좋아지는 것이죠. 웨이퍼 상태에서 패키징을 하므로 다이 면적이 칩 면적이 되면서 패키징 면적이 줄어들게 됩니다. 이로써 더 많은 반도체 칩을 생산할 수 있습니다. FO(Fan Out)로 볼이 칩 배선 밖에 있다고 해서 FO-WLP라고 부르기도 합니다.

2016년 TSMC가 FO-WLP 방식의 패키징 장점을 부각해서 최대 고객사 가운데 하나인 애플과 계약하자 이에 절치부심한 삼성은 PLP(Panel Level Packaging) 기술을 내놓습니다. PLP는 칩을 PCB 패널에 옮겨서 패키징합니다. 네모난 기판을 활용하기 때문에 생산 면적과 생산성 면에서 WLP보다 유리합니다. 또한 적층과 집적화에 강점이 있습니다. 다만 공정관리의 어려움이 있습니다.

생산 면적과 생산성 면에서 PLP가 유리한 이유는 FO-WLP는 12인치(300mm) 웨이퍼를 사용하고, PLP는 400×500mm 사이즈 기판을 사용합니다. 즉 WLP는 원형 웨이퍼 특성상 이용률이 최대 85%인 데 반해 PLP는 사각형 기판을 사용하면서 최대 95% 활용이 가능하다는 강점이 있습니다.

삼성전자가 파운드리 시장 주도권을 확보하기 위해 그리는 그림은 EUV 장비를 통한 반도체 미세화와 집적화 그리고 PLP 패키징 기술을 통한 생산 면적과 생산성 향상이라고 볼 수 있습니다. 비메모리반도체 글로벌 1위를 꿈꾸는 데는 다 계획이 있는 것이죠. 물론 TSMC가 만만치는 않습니다.

## 메모리반도체 시장의 전방산업 이해

이제 메모리반도체 시장 이야기를 해 보겠습니다. 우리나라 반도체 기업이 가장 높은 경쟁력을 발휘하는 영역이기도 합니다. 메모리반도체의 주요 제품은 DRAM과 NAND Flash입니다. DRAM은 전원이 켜져 있는 동안에만 정보가 저장되는 휘발성 메모리로 주로 컴퓨터나 태블릿 PC, 스마트폰의 메인 메모리로 사용됩니다. NAND Flash는 전원이 공급되지 않아도 저장된 데이터가 지워지지 않는 비휘발성 메모리로 USB 드라이브, MP3 플레이어, SSD(Solid State Drive), 스마트폰 등에 사용됩니다. DRAM는 초기에만 해도 PC와 노트북 시장의 수요 비중이 높았으나 점차 스마트폰과 데이터센터용 서버 시장에서의 수요도 증가하고 있습니다. NAND Flash는 MP3 플레이어나 메모리카드 수요에서 SSD 수요 증가로 클라우드 서버 시장의 영향력이 증가하고 있습니다.

메모리반도체 시장의 주요 전방산업은 PC/노트북, 스마트폰, 서버 시장이라고 할 수 있습니다. 따라서 PC/노트북, 스마트폰, 서버 시장의 지표를 확인하면 메모리반도체 시장의 방향을 알 수 있습니다. 가장 정확한 방법은 글로벌 IT 기업의 CAPEX(설비투자) 추이를 확인하는 것입니다. 특히 페이스북, 아마존, MS, 구글, 애플 등 미국 IT 기업의 설비투자 방향을 통해 메모리반도체 수요 흐름을 알 수 있습니다. 그러나 문제는 개인 투자자가 글로벌 IT 기업의 설비투자 추이를 추적하기가 쉽지 않다는 점입니다.

아직 실망하지 않아도 됩니다. 적절한 대안이 있으니까 말이죠. 바로 대만 IT 기업의 실적을 추적하는 것입니다. 대만은 글로벌 IT OEM 산업의 중심입니다. 특히 대만 기업은 실적 자료를 월 단위로 발표한다는 점에서 활용도가 높습니다. 대만 PC/노트북 OEM 기업은 글로벌 OEM 시장의 점유율이 90%이며, 선두 기업인 Quanta와 Compal 비중이 높습니다. 따라서 두 대만 기업의 매출액 지표는 글로벌 PC/노트북 판매지표를 알려 줍니다. 그리고 대만 IT 기업 Aspeed에서 생산하는 서버 모니터링 칩인 BMC(Baseboard Management Controller)는 서버 시장 점유율 70%를 차지하고 있습니다. 따라서 Aspeed 매출액 방향은 글로벌 서버 시장의 지표를 알려 줍니다.

[그림 6-6] Quanta, Compal, Aspeed 매출액 지표(출처: 각사 홈페이지)

스마트폰 시장은 중국 스마트폰 출하지표를 확인하면 도움이 됩니다. 중국 스마트폰 출하지표는 한경컨센서스나 증권사 리서치 센터, 전기전자 애널리스트의 글로벌 스마트폰 동향 리포트에서 참고하면 됩니다.

또 하나 중요한 게 있죠. 메모리반도체 가격과 수출금액을 확인하는 방법입니다. 산업통상자원부가 보도자료를 통해 매달 정보통신기술(ICT) 수출 지표를 발표하고 있습니다. 메모리반도체 수출뿐만 아니라 비메모리반도체(=시스템반도체) 수출금액까지 세부적으로 발표합니다. 이것이 가장 정확한 숫자입니다. 덧붙여 Dramexchange 기준 DRAM과 NAND Flash 가격 추이도 같이 알려 줍니다. 반도체 가격은 산업통상자원부 자료나 반도체 애널리스트 리포트를 참고하면 됩니다.

이제 우리는 메모리반도체 제품 가격, 수출금액 지표 그리고 메모리반도체의 전방산업 지표를 확인할 수 있습니다. 덧붙여 비메모리반도체 수출금액 지표도 말이죠. 이렇게 지표 활용법을 알게 되면 실적 추

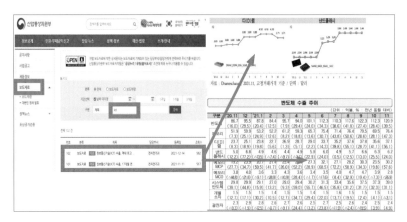

[그림 6-7] 산업통상자원부 보도자료

현명한 지표 투자

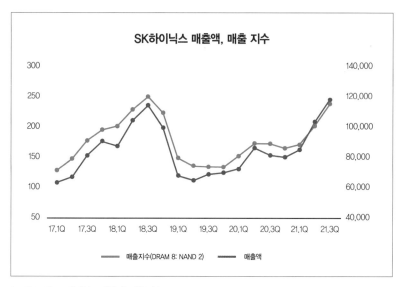

[그림 6-8] SK하이닉스 매출액, 매출지수

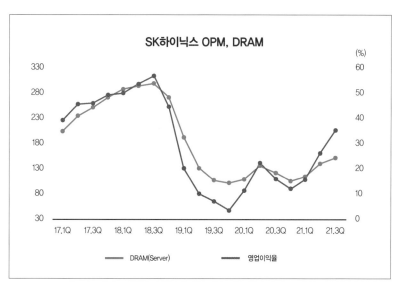

[그림 6-9] SK하이닉스 OPM, DRAM 비교

정이 가능합니다. SK하이닉스를 통해 설명해 보겠습니다.

　SK하이닉스 사업 구조는 단순합니다. 메모리반도체 비중이 압도적으로 높고 그중에서도 특히 DRAM 비중이 높습니다. DRAM과 NAND Flash 비중은 8:2 수준입니다. 앞서 확인한 지표를 통해 SK하이닉스 실적을 추정할 수 있습니다.

　[그림 6-8]의 매출지수는 DRAM과 NAND 수출금액을 8:2 비중으로 지수화한 것입니다. DRAM과 NAND 가격에 반도체 수출물량지수를 8:2 비중으로 곱해도 됩니다. 그래프를 보면 SK하이닉스 매출액과 매출지수가 동행한다는 걸 확인할 수 있습니다. SK하이닉스 OPM(영업이익률) 추이[그림 6-9] 역시 DRAM 가격과 동행성을 보이고 있습니다.

# 인텔 NAND Flash 사업 양수의 시사점

　현재 SK하이닉스는 중요한 변화의 시기입니다. SK하이닉스는 2020년 10월 NAND Flash 사업과 관련해서 인텔과 양수 계약을 체결했는데요. 양수가는 10.3조 원입니다. (이 중 8조는 2021년에 지급했고 나머지 2.3조는 2025년에 지급 예정이라고 합니다.) 2021년 12월에 중국의 인수 허가를 취득하며 영업 양수를 마무리했습니다. 이 말인즉슨 앞으로 NAND Flash 매출 비중이 높아진다는 의미입니다.

　글로벌 DRAM 시장이 삼성전자, SK하이닉스, Micron으로 과점화된 것과 같이 NAND Flash 시장 역시 기존 6자 경쟁 구도에서 삼성전자, WDC(Western Digital Corporation)+키옥시아, SK하이닉스, Micron 이렇게 4자 구도로 변화할 것으로 보입니다. WDC와 키옥시아 간 합병이 성사될 것인지도 관심을 끌고 있습니다.

NAND Flash 시장점유율은 삼성 33.5%, WDC+키옥시아 33.4%, SK하이닉스+인텔 NAND 20%, Micron 11%입니다. SK하이닉스는 인텔의 NAND 사업 부문을 인수한 이후 점유율이 20%까지 확대됩니다(SK하이닉스 11%+인텔 9%). 향후 인텔의 서버 고객을 확보함으로써 규모의 경제를 실현할 수 있을지 궁금한 상황입니다.

DRAM 시장에 이어 NAND Flash 시장 역시 과점화된 경쟁 구도가 만들어지면서 공급자 간 설비투자를 통한 물량 경쟁보다는 수익성 위주의 경영 전략을 펼칠 수 있습니다. 실제로 삼성전자, 인텔, TSMC는 파운드리 시장에서 사활을 건 공격적인 투자를 집행하고 있습니다. 이러한 시장 환경에서 메모리반도체 시장이 증설보다는 수익성 위주로 방향을 잡는다면 SK하이닉스 입장에서는 내실을 기할 수 있는 좋은 기회가 될 것입니다.


# 반도체 시장의
# 동행 지표와 선행 지표

마지막으로 반도체 시장의 동행 지표와 선행 지표를 보겠습니다. 동행 지표와 선행 지표까지 체크할 수 있다면 반도체 시장의 방향을 이해하는 데 보다 많은 도움이 될 것입니다.

반도체 시장의 대표적 동행 지표는 SOX(필라델피아 반도체 지수)와 BBR(Booking Billing Ratio)입니다. SOX는 미국 반도체 지수이며, BBR은 SEMI(북미 반도체 재료장비협회)에서 발표하는 반도체 빌링 금액입니다. 원래는 Book(주문)과 Billing(빌링)을 같이 보여 줬습니다만 현재 보여주는 3개월 평균 Billing만으로도 의미가 있습니다. SOX는 야후 파이낸스에 접속해서 '^SOX' 키워드로 검색해도 되고 인베스팅닷컴에서 SOX로 검색해도 됩니다. 우리나라 반도체 주가와 동행성을 보입니다. 특히 SK하이닉스와 높은 상관관계를 보입니다.

마지막으로 반도체 시장의 선행 지표를 보겠습니다. 가장 중요한 지표는 PMI(제조업지수)입니다. 중국과 미국의 PMI 그리고 OECD에서 발표하는 OECD 선행지수를 같이 보면 좋습니다.

중국과 미국의 PMI를 보면 흥미롭습니다. 중국 PMI가 선행하고 미국 PMI가 후행하는 경향을 보입니다. 중국 PMI는 미국 PMI와 함께 글로벌 제조업의 방향을 알려 준다는 점에서 중요합니다. 또한 글로벌 제조업 방향은 반도체를 포함한 국내 수출 기업의 실적 방향과 연결된다는 점에서 중요합니다.

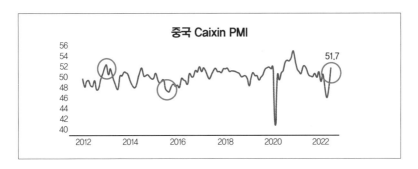

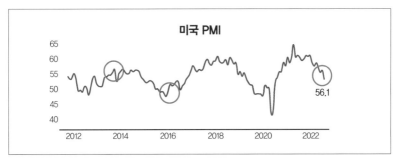

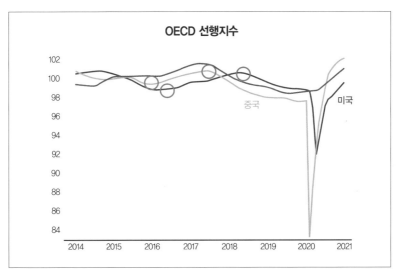

[그림 6-10] 중국 PMI, 미국 PMI, OECD 선행지수(출처: 트레이딩 이코노믹스, Nasdaq Data Link, OECD 선행지수)

1. 반도체 밸류체인상 팹리스, 파운드리, 제조사 간 전통적 역할
   분담은 Big Tech 기업이 직접 반도체를 설계하고 수요를 창출
   하면서 무의미해졌습니다.

2. Big Tech 기업의 위탁생산 수요 증가로 파운드리 시장의 중
   요성이 점점 부각되고 있습니다. 크게 두 방향입니다. 하나는
   EUV 도입에 따른 공정의 세대 전환과 공정 격차가 가속화되는
   선단 공정, 또 하나는 자율주행, 5G 기술 진화로 다품종 소량
   생산, 저화소, 저전력 반도체 수요 증가의 레거시 공정입니다.

3. 삼성전자가 선단 공정을 중심으로 파운드리 시장 경쟁력을 높
   인다면 후공정 외주는 증가하게 됩니다. 기존 메모리 시장은
   소품종 대량생산으로 IDM이 후공정까지 진행하는 것이 효율
   적이나 비메모리는 다품종 소량 생산이므로 외주를 확대하는
   것이 효율적입니다.

4. 반도체 후공정 소재, 장비 업체의 수주 물량이 확대되면서 시
   장 기회가 늘어날 것입니다. 나아가 후공정 패키징 기술과
   PCB 업체가 주목받고 있습니다. 반도체 공정의 미세화는 필
   연적으로 반도체 후공정에서 데이터 처리량 개선이라는 패키

징 기술의 진화로 연결됩니다.

5. 메모리반도체 시장은 글로벌 제조업 사이클과 같은 방향을 바라봅니다. 따라서 중국과 미국 PMI 지표는 선행 지표로서, SOX(필라델피아반도체지수)와 BBR의 Billing 지표는 동행 지표로서 의미가 있습니다.

6. 선행 지표를 체크하되 가장 중요한 것은 메모리반도체의 전방 산업 방향입니다. PC/노트북, 스마트폰, 서버 시장 지표를 확인하는 것이 중요합니다. 대만 IT OEM 기업 실적을 체크하는 것은 메모리반도체 시장을 전망하는 유용한 접근 방법입니다.

7. 여기서 덧붙여 산업통상자원부에서 매달 발표하는 메모리반도체와 비메모리(시스템반도체) 수출금액 그리고 DRAM과 NAND Flash 가격지표는 현 시점 실적 방향을 알려 준다는 점에서 투자 판단에 유용하게 활용할 수 있습니다.

8. 현재 삼성전자, 인텔, TSMC는 파운드리 시장에 대규모 투자를 집행하고 있습니다. 상대적으로 메모리반도체 설비투자 비중을 높이기 어려운 시기입니다. SK하이닉스가 인텔의 NAND 사업 양수를 통해 NAND Flash 시장은 과점화되고 있습니다. 향후 물량 경쟁에서 수익성 위주의 전략을 취할 것인지를 확인할 필요가 있습니다. 삼성전자와 SK하이닉스의 실적 방향을 결정하는 중요한 전략임을 기억할 필요가 있습니다.

## ■ 반도체 섹터별 주요 지표

### 메모리반도체 섹터

- 반도체 가격: DRAM, NAND 가격
- 반도체 수출: 메모리반도체 수출금액(증감률), 수출물량지수
- 전방산업 지표: 서버(대만 Aspeed 매출액), 스마트폰(중국 스마트폰 출하), 노트북/PC(대만 OEM 기업 매출액)
- 동행 지표: SOX(필라델피아반도체지수), SEMI(미국재료장비업체) BBR Billing
- 선행 지표: 중국 PMI, 미국 PMI, OECD 선행지수

메모리반도체 섹터는 반도체 수출금액, 메모리반도체 수출금액, 집적회로 수출물량지수 그리고 DRAM과 NAND 가격지표가 중요합니다. 이 지표들이 실적 방향을 알려 주기 때문입니다.

메모리반도체의 전방산업인 서버, 스마트폰, 노트북/PC 시장 방향을 이해하기 위해서는 대만 IT 기업인 Aspeed, Quanta와 Compal의 매출액 지표와 중국 스마트폰 출하지표를 확인하는 것이 중요합니다. 향후 메모리반도체의 방향을 알려 주기 때문입니다.

나아가 BBR Billing과 SOX(필라델피아반도체지수) 지표는 동행 지표로써 현재 방향을, 미국과 중국 PMI 지표는 선행 지표로서 글로벌 제조업의 방향을 알려 줍니다.

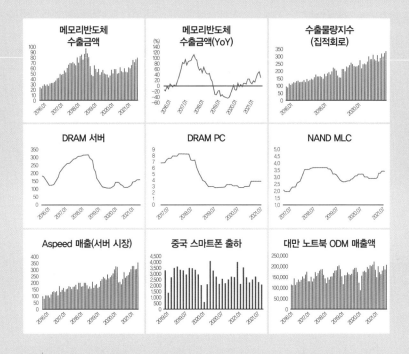

## 비메모리반도체 섹터

- 반도체 수출: 시스템반도체 수출금액(증감률), 수출물량지수
- 동행 지표: TSMC 매출액, SOX(필라델피아반도체지수), SEMI(미국재료장비업체) BBR Billing
- 선행 지표: 중국 PMI, 미국 PMI, OECD 선행지수

비메모리반도체 섹터는 비메모리반도체(시스템반도체) 수출금액, 증감률 지표, 파운드리 시장을 알려 주는 TSMC 매출액 지표가 중요합니다. 나아가 BBR Billing과 SOX(필라델피아반도체지수) 지표는 동행 지표

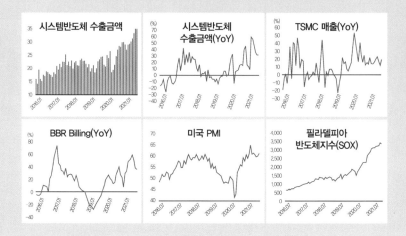

로서 현재 방향을, 미국과 중국 PMI 지표는 선행 지표로서 글로벌 제조
업의 방향을 알려 줍니다.

**반도체 소재 섹터**

- 반도체 수출: 메모리반도체 수출금액(증감률), 수출물량지수
- 반도체 가격: DRAM, NAND 가격
- 설비 투자: 삼성전자, SK하이닉스 설비 투자
- 전방산업 지표: 서버(대만 Aspeed 매출액), 스마트폰(중국 스마트폰 출
  하), 노트북/PC(대만 OEM 기업 매출액)

반도체 소재 섹터는 전체 반도체 수출금액 지표, 삼성전자와 SK하이
닉스의 유형자산 투자지표가 중요합니다. 그리고 메모리반도체 비중

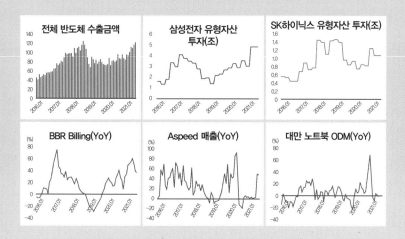

이 높기에 전방산업인 대만 IT 기업의 실적 지표를 같이 볼 필요가 있습니다.

### 반도체 장비 섹터

- 반도체 수출: 메모리반도체 수출금액(증감률), 수출물량지수
- 반도체 가격: DRAM, NAND 가격
- 설비 투자: 삼성전자, SK하이닉스 설비투자
- 전방산업 지표: 서버(대만 Aspeed 매출액), 스마트폰(중국 스마트폰 출하), 노트북/PC(대만 OEM 기업 매출액), TSMC 매출액

반도체 장비 섹터는 반도체 소재 섹터와 마찬가지로 전체 반도체 수출금액 지표, 삼성전자와 SK하이닉스 유형자산 투자 지표가 중요합니

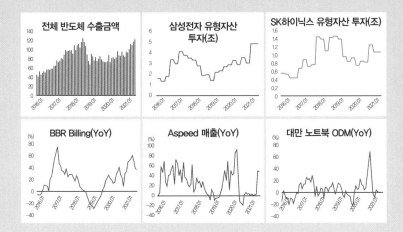

다. 그리고 메모리반도체 비중이 높기에 전방산업인 대만 IT 기업의 실적 지표를 같이 봐야 합니다. 덧붙여 삼성전자의 파운드리 투자 확대에 따라 후공정 비메모리 장비 기업을 중심으로 보는 것도 유용한 접근이 될 수 있습니다.

현명한 지표 투자

# 7장

# 건설 / 건자재

그동안 시멘트 업종은 환경오염의 주범으로 꼽혀 왔습니다. 그리고 지금도 연료인 유연탄의 탄소배출 이슈로 환경 개선 부담금과 함께 지속적인 규제를 받고 있습니다. 여기에 수입 비중이 높은 유연탄 원가 부담도 만만치 않습니다.

지난 몇 년간 시멘트 업체들은 대안을 찾기 위해 동분서주해 왔습니다. 전력저장시스템(ESS, Energy Storage System), 배열회수보일러(HRSG, Heat Recovery Steam Generator) 그리고 순환자원 처리시설 등을 구축하면서 환경문제와 원가 부담에서 벗어나려는 노력을 해 온 것이죠. 가장 눈에 띄는 건 순환자원 처리시설입니다. 시멘트 선두 기업인 쌍용C&E 등이 이 설비를 구축하면서 원가 부담을 줄이고 있고 실제 높은 영업이익률을 보여 주고 있습니다.

시멘트는 석회석, 점토, 규석, 철광석 등을 섞은 후 유연탄으로 가열했을 때 탄생합니다.

| 공정 | 원료 공정 | 소성 공정 | 시멘트 분쇄공정 |
|---|---|---|---|
| 기존 자원 | 석회석, 점토, 규석, 철광석 | 유연탄 | 클랭커, 석고 |
| 대체 자원 | 석탄회, 오니류, 주물사, 슬래그 | 폐타이어, 폐합성수지, 재생유 | 슬래그, 부산물석고 |

[그림 7-1] 시멘트 공정

원료를 가열해 소성하는 원통형 가마를 킬른이라고 부릅니다. 석회석을 시멘트로 만들기 위해서는 킬른의 온도를 최대 2,000도까지 끌어올려야 합니다. 이때 유연탄이 사용됩니다. 그런데 최근 순환자원 처리시설을 통해 유연탄 대신 잘게 분쇄한 폐타이어, 폐페트병 등을 사

용하는 것이죠. 매립하거나 소각해야 할 폐타이어와 합성수지 등이 시멘트 생산을 위한 순환

자원이 된 겁니다.

나아가 시멘트 업체들은 폐열발전 설비를 갖추고 있습니다. 앞서 설명한 소성로에서 반제품

인 클랭커를 생산할 때 사용되는 고온의 열이 소성 공정을 거치면 350도까지 떨어지는데, 폐

열발전 설비를 이용하여 열원을 대기로 배출하지 않고 회수해 전력을 생산하고 있습니다. 따

져 보면 환경오염의 주범이라는 오명을 가진 시멘트 업계가 오히려 일종의 폐기물 처리업을

하는 셈입니다. 폐기물 처리업체의 경쟁자가 시멘트 업체라는 표현이 과연 틀린 것인지 의문

을 제기할 법한 변화입니다.

지금부터 건설 업종 전반에 대해 이야기해 보겠습니다.

# 해외 건설수주액은
# 원유 가격이 알려 준다

해외 건설수주는 주로 대형 건설사의 몫입니다. 지난 10년간 해외 건설수주액의 변화를 살펴보면, 가장 비중이 높은 지역은 중동입니다. 중동 지역은 플랜트 수주가 중요하며, 보통 유가 방향과 높은 관련성을 지닙니다.

[그림 7-2]는 2012년부터 2021년까지 해외 건설수주액, 중동 건설 수주액 그리고 국제유가 추이입니다. 유가가 높은 수준을 유지하던 2012~2014년은 중동을 중심으로 활발한 모습입니다. 하지만 2014년 하반기를 지나면서 유가가 큰 폭으로 하락하고 이와 더불어 중동 그리고 해외 건설수주액이 부진한 양상을 띠고 있습니다. 이 부진은 2021년 말까지 이어졌습니다.

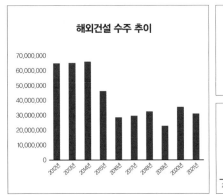
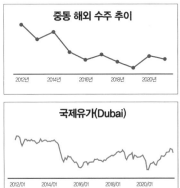

[그림 7-2] 해외 건설수주 추이(해외건설협회 자료 인용하여 저자가 새롭게 그림)

해외 건설수주 관점에서 국제유가의 적정 수준은 어느 정도일까요? 단서는 중동 지역 원유수출국의 재정균형유가에 있습니다. 카타르, 사우디아라비아, 아랍에미리트의 2021년 재정균형유가는 배럴당 38.1불, 67.9불, 66.5불이었습니다. 이는 안정적인 수치로 부가세 인상 등을 통해 비석유 재정수입을 확대해 온 데서 원인을 찾을 수 있습니다. 만약 국제유가가 70불 이상으로 오랜 기간 유지된다면 중동 지역 주요

| 표 3. MENA 원유 수출국 재정균형유가 추이 | | | | | | | (USD/bbl) |
|---|---|---|---|---|---|---|---|
| | 2000~2016 평균 | 2017 | 2018 | 2019 | 2020P | 2021P | 비고 |
| 알제리 | 102.6 | 91.4 | 101.4 | 106.3 | 118.2 | 135.2 | 경제 회복 둔화 지속 |
| 바레인 | 76.0 | 112.6 | 118.4 | 106.3 | 93.2 | 83.4 | 2021년 예상 재정적자 32억달러, 적자폭은 개선 중 |
| 이란 | 56.1 | 64.8 | 67.8 | 279.5 | 521.2 | 395.3 | 원유수출 제재 지속 |
| 이라크 | 82.5 | 42.3 | 45.4 | 52.3 | 63.6 | 64.0 | 경제 회복 둔화 |
| 쿠웨이트 | 43.7 | 45.7 | 53.6 | 53.0 | 64.5 | 65.7 | 경제 회복 둔화 |
| 리비아 | 80.7 | 108.3 | 84.4 | 66.7 | 414.8 | 124.4 | 정치적 불확실성(내전) 잔존 |
| 오만 | 65.3 | 96.9 | 96.7 | 92.9 | 104.5 | 109.5 | 재정구조 취약, 경제 회복 둔화 |
| 카타르 | 44.3 | 46.9 | 48.7 | 46.6 | 42.0 | 38.1 | 안정적인 국가 재정수지, 부채비율 하락 전망 |
| 사우디아라비아 | 80.0 | 83.7 | 88.6 | 82.6 | 78.2 | 67.9 | 2020년 7월 부가가치세 인상, 비 석유 재정수입 증가 |
| UAE | 48.0 | 62.0 | 64.1 | 67.1 | 75.9 | 66.5 | 2021년 비 석유 GDP YoY +4% 전망, 재정 개선 전망 |

자료: IMF, 하나금융투자

[그림 7-3] 원유 수출국 재정균형유가 추이(출처: 하나금융투자 리포트)

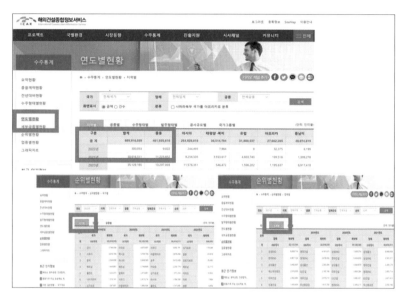

[그림 7-4] 해외 건설수주액 지표(출처: 해외건설종합정보서비스)

산유국의 재정균형유가가 높아졌다는 뜻이기에 건설 발주가 증가할
가능성이 높다고 해석할 수 있습니다.

　큰 폭으로 하락하던 국제유가가 점진적으로 회복하면서 중동을 중
심으로 해외 건설수주액의 회복을 기대하는 모습입니다. 특히 플랜트
수주를 중심으로 살펴볼 필요가 있습니다. 대형 건설사의 실적에 영향
을 미치기 때문입니다.

　해외 건설수주액 지표는 해외건설협회를 통해 상세하게 확인할 수
있습니다. 해외 건설수주액의 연도별 현황과 중동 지역의 수주 금액 그
리고 순위별 현황을 통해 국가별·업체별 수주 금액을 파악할 수 있습
니다.

# 2~3년 뒤 건설사 먹거리를
# 알고 싶다면

이제 국내 건설 이야기를 해 보겠습니다. 먼저 건설 및 건자재 흐름을 이해해야 합니다. 아파트 건설로 예를 들어 보겠습니다[그림 7-5]. 인허가는 지자체에서 주택 건설 계획을 허가해 준다는 것이고, 착공은 이제 삽을 뜨겠다는 뜻입니다. 인허가 이후 착공한 다음에 분양하기도 하고, 착공에 앞서 분양을 먼저 하기도 합니다. 인허가에서 입주까지 걸리는 기간은 보통 3년입니다.

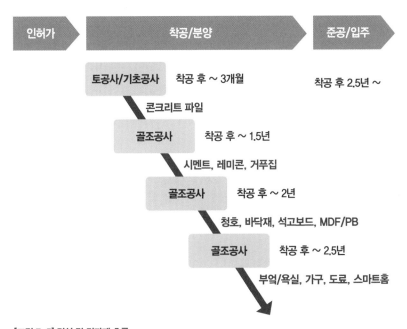

[그림 7-5] 건설 및 건자재 흐름

착공과 분양 과정은 토공사/기초공사, 골조공사, 창호/내부공사를 거쳐 최종적으로 마감/가구공사를 하게 됩니다. 공사별로 소요되는 기간 역시 평균 3년입니다.

건설사 매출 인식은 회계 기준에 따라 반영하는데요. 보통 시장 반응은 건설사 매출 인식 시기보다 이른 편입니다. 수주산업의 특성상 인허가 시점에 향후 매출 방향을 예측할 수 있기 때문입니다.

회계 기준을 잠시 살펴보면 이전만 해도 '진행률'이었으나 건설사 수주산업 회계 기준이 변경되면서 2018년부터 '인도 기준'이 추가되었습니다. 진행률은 다른 말로 바꾸면 공정률입니다. 아파트로 예를 들면 얼마나 지어졌는지입니다. 분양률은 말 그대로 전체 분양 물량에서 얼마나 선판매를 했느냐입니다. 예전 건설사 매출 인식은 '공정률×분양률'이었습니다. 가정을 해 보겠습니다. 아파트 전체 수주 금액이 1조이며 2022년 2분기 현재 누적 공정률은 50%, 분양률은 50%, 2022년 1분기 누적 공정률은 40%, 분양률은 40%라고 상상해 보겠습니다. 이렇다면 계산법은 다음과 같습니다.

> **2022년 2분기 매출 = (2022년 2분기 누적 공정률×분양률) − (2022년 1분기 누적공정률×분양률)**

그렇다면 '인도 기준'은 무엇일까요? 쉽게 말하면 입주 시점에 한꺼번에 매출이 인식된다는 의미입니다. 매출 인식을 진행률로 하느냐 인도 기준으로 하느냐의 기준은 1차 중도금 시점입니다.

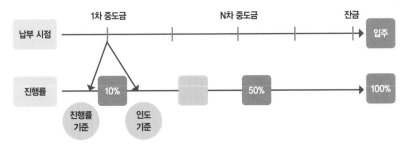

[그림 7-6] 진행률과 인도 기준 매출 인식

보통 아파트 분양이 이뤄지고 당첨되면 입주까지 N차 중도금을 내고 최종 잔금을 납입해야 합니다. 여기서 진행률 10%를 기준으로 봤을 때 중도금을 먼저 내면 진행률로, 이후에 내면 인도 기준으로 매출을 인식하는 겁니다. 별것 아닌 것 같지만 투자자 입장에서는 건설사의 사업장별 매출 인식 방법을 확인해야 합니다. 만약 인도 기준 사업장이라면 시기에 따라서는 폭탄 매출이 발생할 수도 있기 때문입니다.

[그림 7-7]은 2013년부터 2021년까지 주택 인허가와 주택 섹터 주가지수를 같이 그린 것입니다. ①은 2015년 중반까지 인허가가 급증하는 시기로 주택 섹터 주가지수 역시 상승하는 모습을 보입니다. ②번은 2018년 즈음으로 인허가가 부진하자 주가지수 역시 지지부진한 양상을 띱니다. ③번은 2021년 상반기로 인허가가 다시 늘어나자 주가지수 역시 살아나는 걸 확인할 수 있습니다.

건설사의 주가 방향은 인허가에 달려 있습니다. 그런 점에서 '인허가 → 착공/분양 → 준공/입주 사이클'을 체크하는 것은 중요합니다. 인허가, 착공, 미분양 지표는 국토교통부 통계누리에서 키워드 검색을 통

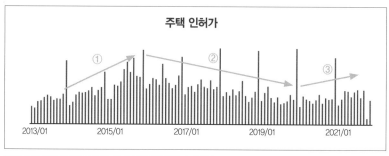

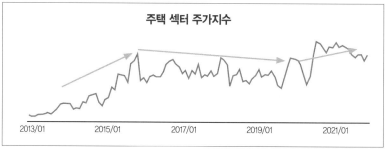

[그림 7-7] 주택 인허가, 주택 섹터 주가지수(2013~2021년)(출처: 국토교통부)

해 확인할 수 있습니다.

　인허가 지표보다 광범위한 개념이 국내 건설수주액 지표입니다. 건축과 토목을 합산해서 발표하는 지표로 비중은 8:2 또는 7:3입니다. 주택시장의 방향을 알려 준다는 점에서 인허가 지표와 동행성을 보입니다. 참고로 통계청은 두 가지 종류의 건설수주 금액을 제공합니다. 하나는 대한건설협회에서 발표하는 '국내건설수주동향조사'이고 다른 하나는 통계청에서 경기선행지수로 제공하는 '건설수주액'입니다. 저는 주로 후자를 체크합니다. 후자의 경우 조사 대상을 '기성액의 54% 기업체'로 한정하기 때문에 건설사 수주 실적을 좀 더 정확하게 반영한다고

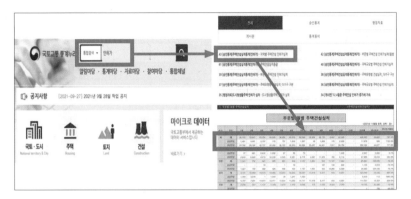

[그림 7-8] 인허가, 착공, 미분양 지표 확인하기(출처: 국토교통부 통계누리)

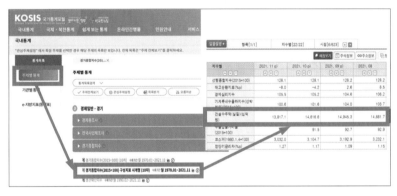

[그림 7-9] 건설수주액 지표(출처: 통계청)

보고 있습니다.

　[그림 7-10]은 국내 건설수주액 전년 대비 증감률과 주택 섹터 주가 지수를 비교한 그림입니다. 앞서 살펴본 인허가 지표와 비교해 보면 대체로 동행하는 걸 확인할 수 있습니다. 주가지수와의 동행성은 보다 밀접합니다. 따라서 주택 시장 방향을 이해하고자 할 때 인허가 지표와

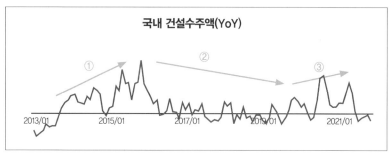

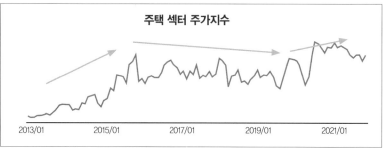

[그림 7-10] 국내 건설수주액 증감률과 주택 섹터 주가지수(출처: 국토교통부)

건설수주액 지표도 함께 보면 좋습니다.

건설 업종은 정부의 정책 방향이 중요합니다. 특히 통화정책, 금리 정책, 주택 공급 정책에 따라 민감하게 반응합니다. 2017년부터 2021 년까지의 주요 부동산 정책은 공급보다는 수요에 집중되어 있었습니다. 정부가 수요 규제 정책을 펼친 판단의 저변에는 공급이 충분하다는 인식이 있었습니다. 하지만 2021년 2.4 부동산 대책을 기점으로 공급 확대로 돌아섰습니다. 또한 2019년에 발표한 12.16 부동산 대책을 통해 3기 신도시 추진에도 드라이브를 걸었습니다. 이는 매우 중요한 변화입니다.

또 하나 고려해야 할 것은 철근과 시멘트, 레미콘 등 원자재 가격 방향입니다. 코로나와 러시아-우크라이나 전쟁 여파로 석탄과 천연가스 가격이 급등하면서 철강, 시멘트 등 원자재 가격에 영향을 주고 있습니다. 원자재 가격이 급등하면 건설사 입장에서는 공사 비용 부담이 가중됩니다. 따라서 자연스럽게 분양가를 인상하는 방향으로 나아가게 됩니다. 건설 경기가 둔화되는 시기에 분양가 인상은 주택 미분양 증가로 이어질 수 있다는 점에서 시장 우려가 반영될 수 있습니다. 원자재 가격과 분양가 방향 역시 관심 갖고 지켜볼 포인트입니다.

# 가구 인테리어 기업은 주택매매지수를 보자

국내 건설 시장에서 또 봐야 할 지표는 M2(광의의 통화), 즉 통화량과 주택담보대출금액증가율입니다. 시장에 통화량이 많이 풀려 있을수록 그리고 낮은 금리로 주택담보대출 금액이 증가할수록 주택 인허가가 활성화되고 매매거래가 증가합니다. 다시 말해 정부의 통화와 금리정책방향이 건설 업종에 큰 영향을 미칩니다.

[그림 7-11]은 2008년부터 2021년까지 통화량과 주택담보대출 금액 (증감률)을 펼쳐 놓은 것입니다. 2013년부터 2015년 중반까지는 통화량이 급증하고 주택담보대출증감률도 큰 폭으로 상승했습니다. 또한 건설수주액과 수도권의 아파트 매매도 증가 추세에 있었습니다. 이후 하락하던 지표는 장미 대선을 치른 2017년 5월을 기점으로 재상승을 이

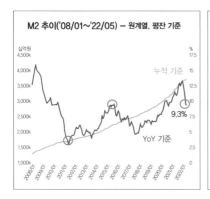
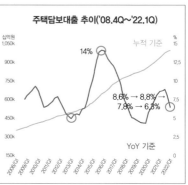

[그림 7-11] 통화량과 주택담보대출 금액(2008~2021년)(출처: 한국은행 경제통계시스템)

뤄 냈습니다. 배경에는 기준금리가 있습니다. 한국은행의 기준금리는 코로나 시기에 0.5%까지 하락했습니다. 그러다 2021년 하반기를 지나면서 인상으로 방향을 틀었고, 2022년 7월 기준 기준금리는 2.25%까지 인상된 상태입니다. 이 시점부터 주택담보대출 추이가 완만해지는 걸 확인할 수 있습니다.

금리 방향과 주택담보대출 금액은 밀접한 관계를 갖습니다. 낮은 금리로 시장에 유동성이 풍부해지고 그에 따라 주택담보대출 금액이 증가하면 주택시장은 훈풍이 불게 됩니다. 사실 주택 가격 방향은 주택 필요 물량과 공급 물량, 즉 수요와 공급 간 줄다리기이기는 합니다만 저금리는 주택 가격 상승에 영향을 주는 중요한 요소입니다. 이로 인해 주택 매매가 활성화될 수 있습니다.

[그림 7-12]는 2011년부터 2021년까지 주택담보대출증감률과 아파트 매매거래지수를 비교한 것입니다. 주택담보대출 금액이 증가하는 시기에는 어김없이 아파트 매매거래 역시 활발한 움직임을 보였습니

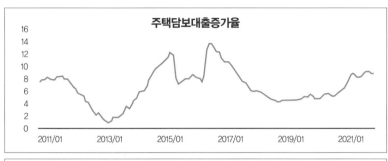

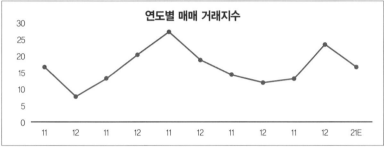

[그림 7-12] 주택담보대출증감률과 아파트 매매거래지수(2011~2021년)(출처: 한국은행 경제통계시스템, KB부동산)

다. 아파트 매매거래 증가는 건설 섹터에 어떤 영향을 미칠까요? 쉽게 떠올릴 수 있는 곳은 한샘, 현대리바트 같은 가구 인테리어 기업입니다. 이사하면 새로운 가구와 장판 구매는 물론이고 부엌과 욕실 등 인테리어를 하기 마련이니까요. 반대로 시장 금리가 상승하고 대출 문턱이 높아지면 보통 아파트 매매거래는 감소합니다. 자연스럽게 가구 인테리어 기업 역시 수요가 줄어들 것입니다. 따라서 가구 인테리어 기업에 관심이 있다면 매매거래지수, 주택담보대출(증감률), 금리 지표를 같이 볼 필요가 있습니다.

# 건자재 시장과 원목 시장의
# 나비효과

가구 인테리어 기업 입장에서 가장 중요한 원재료는 목재입니다. 목재 기업의 주요 제품은 MDF(Medium Density Fiberboard)와 PB(Particle Board)입니다. 이 분야는 2021년 상반기에 가격이 급등했고 당연히 MDF, PB 가격도 올랐습니다. 가구 인테리어 기업 입장에서 목재 가격 상승은 부담으로 다가옵니다. 즉 목재 기업과 가구 인테리어 기업은 방향이 다릅니다.

가구 인테리어 기업의 실적이 좋아지려면 주택 매매거래가 증가해야 합니다. 여기서 하나 더 호재가 있다면 목재 가격의 안정화일 것입니다. 또 하나 생각해 볼 것은 목재를 생산하는 공정입니다. 이 공정에는 메탄올과 요소가 사용됩니다. 2021년 하반기를 뜨겁게 달군 요소수 대란을 기억할 겁니다. 요소수 대란의 배경에는 중국이 있었습니다. 석탄 가격 급등이 낳은 여러 나비효과 중 하나였죠. 석탄 가격 상승은 암모니아와 메탄올 가격에 영향을 주고, 암모니아는 요소와 비료 가격에 영향을 줍니다.

다음 동화기업 사업보고서에서 원재료 비중을 확인할 수 있습니다 [그림 7-13]. 원목과 폐목 비중은 대략 47%, 메탄올과 요소 등의 비중은 53% 수준입니다. 즉 목재 기업을 살펴볼 때는 요소와 메탄올 가격 방향도 체크해야 합니다.

정리하면, '원목 → 목재 → 가구 → 주택'으로 이어지는 밸류체인을

| 2020년 1월 1일 ~ 2020년 12월 31일까지 | | | | (단위 : 백만원, %) | |
|---|---|---|---|---|---|
| 사업부문 | 매입유형 | 품목 | 용도 | 매입액 | 비율 |
| 소재사업 | 원재료 | 원목 등 | MDF제조 | 43,062 | 43.9 |
| | | 폐목 등 | PB제조 | 15,265 | 15.5 |
| | | 메탄올, 요소 등 | 수지 | 39,872 | 40.6 |
| | 부재료 | 원지 | 표면재 | – | – |
| | 합 계 | | – | 98,199 | 100.0 |
| 건장재사업 | 원재료 | HDF | 마루판제조 | – | – |
| | | 원지 | 마루판제조 | 115 | 39.4 |
| | | 원지(강마루용) | 마루판제조 | 177 | 60.6 |
| | 부재료 | 기타 | | – | – |
| | 합 계 | | – | 293 | 100.0% |

[그림 7-13] 동화기업 사업보고서

기억할 필요가 있습니다. 원목 가격 상승은 목재 가격에 영향을 주고, 목재 가격은 가구 가격에 다시 영향을 줍니다. 또 다른 축으로 보면 주택 수요 또는 주택 매매 증가는 가구 인테리어 기업의 매출 증가로 이어집니다. 자연스레 이는 목재 수요 증가로 이어지겠죠. 여기에 또 하나 MDF, PB 제작 시에 사용되는 수지가 메탄올과 요소라는 점도 기억할 필요가 있습니다. 석탄 가격과 관련성이 높죠. 석탄 가격 강세가 메탄올과 요소 가격, 비료 가격에 다시 영향을 줍니다.

이 모든 방향을 한 번에 정리해 주는 건 전방산업인 건설수주액이 증가하는 것입니다. 건설수주액 증가는 가구 인테리어 기업의 매출 증가, 목재 기업의 수요 증가, 제품 가격인상으로 이어집니다. 반대로 건설수주액이 주춤하다면 가구 인테리어 기업과 목재 기업은 각자도생의 길을 걸어야 합니다. 가구 인테리어 기업은 주택매매지수, 주택담보대출, MDF와 PB 가격지표를, 목재 기업은 MDF, PB 가격과 원재료인 원목과 수지 가격 방향을 확인해야 합니다.

## 시멘트 기업은 환골탈태 중

시멘트 이야기를 하려면 과거 구조조정 시기를 볼 필요가 있습니다. 2015년 9월에는 삼표가 동양시멘트를, 2016년 4월에는 사모펀드 한앤컴퍼니가 쌍용C&E를, 2017년 8월에는 한일시멘트가 현대시멘트를, 마지막으로 2017년 12월에는 아세아시멘트가 라파즈한라를 인수합니다. 3년에 걸친 구조조정과 M&A 과정으로 2018년부터 시멘트 시장은 과점화됩니다. 쌍용C&E, 한일+현대시멘트, 아세아+한라시멘트, 삼표시멘트, 성신양회, 이렇게 5개 기업의 시장점유율은 각각 적게는 13%에서 많게는 28% 안팎을 점유하게 됩니다.

과점화된 구조는 가격 협상력이 증가할 거라는 기대를 갖게 합니다. 그러나 살아남기 위한 구조조정에 가깝다 보니 M&A 과정에서 부채와 이자 비용이 증가하는 문제가 불거집니다. 이는 2016년 이후 건설수주액 감소 시기와도 겹치게 됩니다. 그렇게 어려운 시기를 보냈습니다.

시멘트 기업은 이 어려운 시기에 손을 놓고만 있지는 않았습니다. 미래를 위한 준비를 했죠. 앞서 설명한 전력저장시스템(ESS), 배열회수보일러(HRSG) 그리고 순환자원 처리시설의 구축이 그 사례입니다. 환경문제와 원가 부담에서 벗어나기 위한 노력입니다.

환경문제와 원가 부담에 가장 크게 영향을 미치는 것은 연료로 사용되는 유연탄입니다. 아세아시멘트 사업보고서를 한 번 펼쳐 보겠습니다[그림 7-14]. '사업의 내용'을 보면 시멘트 가격 단가가 나옵니다. 제8기는 2020년입니다. 즉 2018년부터 3년째 시멘트 단가는 지속적으로 하락해 왔음을 확인할 수 있습니다. 다음은 원재료 매입 유형과 비중입니다[그림 7-15]. 기타 유형이 바로 원료로 사용되는 유연탄 등입니다. 비중이 무려 65.7%입니다.

나. 주요 제품 등의 가격변동추이
[아세아시멘트(주)]

(단위 : 원)

| 품목 | | 제 8 기 | 제 7 기 | 제 6 기 |
|---|---|---|---|---|
| 시멘트(톤) | 내수 | 61,439 | 62,915 | 64,884 |
| 레미콘(㎡) | 내수 | 64,578 | 66,672 | 65,726 |

[한라시멘트(주)]

(단위 : 원)

| 품목 | | 제 23 기 | 제 22 기 | 제 21 기 |
|---|---|---|---|---|
| 시멘트(톤) | 내수 | 58,176 | 58,352 | 59,229 |

주) 슬래그시멘트 포함

[그림 7-14] 아세아시멘트 사업의 내용

가. 주요 원재료
[아세아시멘트(주)]

(단위 : 백만원, %)

| 사업부문 | 매입유형 | 품목 | 구체적용도 | 매입액(비율) | 비고 |
|---|---|---|---|---|---|
| 제조 | 원자재 | 모래/자갈 | Re'.D/M 생산 | 37,907(27.6) | 삼표 외 |
| | | 슬래그 | 시멘트 생산 | 5,039(3.7) | 포스코 외 |
| | | 석고 | 시멘트 생산 | 4,186(3.0) | 태원물산 외 |
| | 기타 | | | 90,385(65.7) | |
| | 합계 | | | 137,517(100) | |

[그림 7-15] 아세아시멘트 주요 원재료

사업보고서를 통해 시멘트 단가가 지속적으로 하락했으며 원료로 사용되는 유연탄의 비중이 높다는 것을 알 수 있습니다. 유연탄 비중이 높은 만큼 유연탄 가격이 강세를 보이는지 약세를 보이는지에 따라 시멘트 단가 방향도 정해질 것입니다. 물론 순환자원 처리시설 등의 구축을 통해 유연탄 매입 비율을 낮춘다면 원가 경쟁력이 높아질 수도 있습니다.

여기서 한 가지 물음을 던지고 싶습니다. 건설수주액과 시멘트 수요는 정말 관련성이 있을까요? 그리고 전방산업인 건설수주액이 후방산

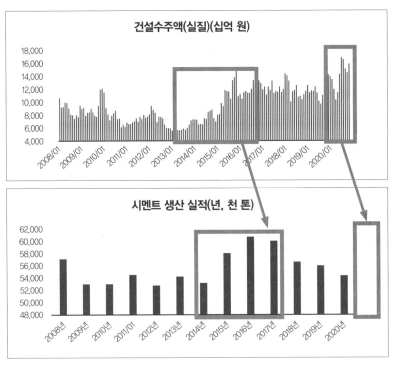

[그림 7-16] 건설수주액과 시멘트 생산 실적 비교(2008~2021년)(출처: 통계청, 한국시멘트협회)

업인 시멘트 수요에 영향을 미치는 시간 간격은 어떻게 될까요?

[그림 7-16]은 2008년부터 2021년까지 건설수주액과 시멘트 생산 실적을 함께 그린 그림입니다. 시멘트 생산 실적은 1년의 후행성을 갖습니다. 바꿔 말하면 우리는 현재의 건설수주액 지표를 통해 1년 후 시멘트 생산 실적을 예상할 수 있습니다. 다시 말해 과점화된 시멘트 기업의 매출액(Q)을 1년 선행해서 파악할 수 있습니다. 원료인 유연탄 가격은 광물자원공사 사이트를 통해 손쉽게 파악이 가능합니다. 광물자원공사 사이트에서는 유연탄뿐만 아니라 철광석, 비철금속 등 다양한 광물 가격도 파악할 수 있습니다.


# 폐기물 처리 기업 vs. 시멘트 기업

몇 년 전에 경북 의성 쓰레기 산이 이슈였습니다. 불법 폐기물이 20.8만 톤, 5층 건물 높이까지 쌓여 있었기 때문입니다. 여기서 누출되는 가스로 화재가 지속되기도 했습니다. 폐기물 처리에 7년 이상 소요될 거라는 이야기도 나왔습니다. 그런데 이 폐기물이 불과 20개월 만에 사라졌습니다. 지금은 생태공원을 조성하고 있습니다. 이 역할을 누가 했을까요? 바로 시멘트 기업입니다. 순환자원 처리시설을 통해 깔끔하게 처리한 것입니다.

이 사건 이후로 시멘트 기업은 폐기물 처리 기업이자 기존 폐기물 기업의 경쟁자가 되었습니다. 물론 폐기물 처리 기업들은 다른 주장을 하고 있습니다. 시멘트 기업은 여전히 환경오염을 가중시키고 있으며, 탄소 중립의 대표 사례로 포장되면 안 된다는 것입니다.

내용을 살펴보면 미세먼지의 원인인 질소산화물 배출기준법상 허용기준은 80ppm이지만 이는 2015년 이후 설비에 적용되고 있기 때문에 현재 2015년 이전 설비인 시멘트 공장은 해당되지 않는다는 것입니다. 즉 코엔텍 같은 폐기물 처리 전문 기업이 보유한 소각 전문 시설의 경우 미세먼지의 원인이 되는 질소산화물 배출 허용 기준을 가장 강화된 50ppm으로 관리하고 있는 반면, 실제 시멘트 기업의 대체연료 가연성 폐기물의 평균 탄소배출은 기존 유연탄과 유사하다는 주장입니다. 바꿔 말하면 순환자원 처리설비가 유연탄 대신 폐기물을 처리하는 구세주처럼 등장했지만 실제 환경오염 배출 기준에 부합하지 못한 상태이며, 소성로에서 태운 미세먼지를 대기로 그대로 방출하고 있다는 점에서 환경오염시설 관리 규정을 통해 관리가 필요하다고 주장하는 것입니다.

이제 유연탄 가격과 더불어 탄소배출권 가격이 상승할수록 시장은 시멘트 기업이 보유한 순환자원 처리설비에 관심을 가질 것입니다. 관심은 두 가지 방향입니다. 하나는 대체자원을 통한 원가 경감과 폐기물 처리를 통한 신규 수익 창출입니다. 또 하나는 정부의 시멘트 소성로에 대한 탄소배출 규제 강화입니다. 순환자원 처리설비에 대해 과연 정부가 새로운 규제 가이드를 만들지 여부가 궁금해지는 상황입니다.

1. 해외 건설수주액은 국제유가 방향이 중요합니다. 특히 중동 지역을 중심으로 재정균형유가 수준을 달성하게 되면 자연스 럽게 플랜트 위주의 발주로 이어지는 경향을 보여 왔다는 점 에서 국내 대형 건설사 수주와 연결해서 볼 필요가 있습니다.

2. 국내 건설수주액이 증가하면 자연스럽게 건설사의 먹거리가 증가하게 됩니다. '인허가 → 착공 → 준공 → 입주'에는 2~3년 의 시기가 소요됩니다만 시장은 수주 금액을 통해 미래의 이 익 규모를 파악하게 되죠. 수주산업의 특성상 미래의 먹거리 규모가 현 시점 주가에 선반영됩니다.

3. 건설수주액 증가는 다양한 후방산업에 영향을 미칩니다. 가구 인테리어 기업, 페인트, 목재 기업 그리고 시멘트, 레미콘, 철 근 기업에 영향을 미칩니다. 따라서 건설수주액의 방향을 읽 는다는 것은 다양한 후방산업의 방향을 읽는다는 것과 동의어 입니다.

4. 건설 업종은 정부의 정책 방향을 이해하는 것이 중요합니다. 통화량과 금리 그리고 주택 공급 정책이 중요합니다. 주택 시 장은 필요 물량과 공급 물량 간 균형이 중요합니다. 현재 공급

확대로 방향을 잡고 있다는 점은 긍정적인 요인입니다.

5. 또 하나 중요한 정책은 통화량과 금리 방향입니다. 코로나 시기 시장은 저금리를 통해 시장에 풍부한 유동성을 공급했고 주택 가격 상승에 영향을 끼쳤습니다. 통화량 증가는 제품 가격인상으로 이어져 물가에 영향을 주고 인플레이션 우려를 낳습니다. 2021년 하반기부터 정부는 금리 인상을 시작하면서 통화량 긴축으로 선회하는 모습입니다. 주택담보대출 규모가 축소되고 있고 주택 매매거래가 감소하고 있습니다. 가구 인테리어 기업 관점에서 주시할 포인트입니다.

6. 시멘트 시장은 구조조정 시기를 거쳐 시장 구도는 과점화된 상황입니다. 건설수주액과 유연탄 가격 방향이 중요합니다. 그리고 유연탄 원가 부담과 환경오염 부담을 줄이기 위한 순환자원 처리설비를 구축하면서 폐기물 처리 기업으로 변화하고 있습니다.

## ■ 건설/건자재 주요 섹터

### 해외 건설 섹터(대형 건설 섹터)
- 해외: 해외 건설수주액, 국제유가(두바이유)
- 국내: 국내 건설수주액, 인허가, 미분양

- 한국은행 기준금리, 광의의 통화(M2) 증감률

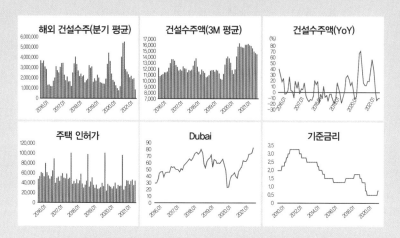

해외 건설 섹터는 대형 건설사가 포함되어 있습니다. 따라서 주요 지표는 해외 건설수주액, 국제유가 방향, 국내 건설수주액, 주택 인허가 지표가 중요하며, 나아가 기준금리와 통화량 방향을 같이 체크하면 투자 판단에 도움이 됩니다.

### 주택 섹터

- 국내: 국내 건설수주액, 인허가, 미분양
- 주택매매거래지수, 주택담보대출증감률
- 한국은행 기준금리, 광의의 통화(M2) 증감률

주택 섹터는 국내 건설수주액, 인허가, 미분양 지표 그리고 통화량

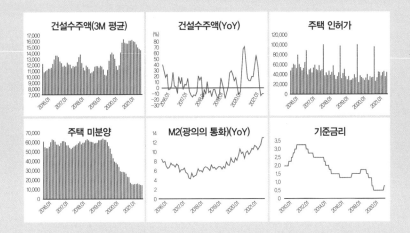

과 기준금리의 방향이 중요합니다. 국내 건설수주액과 인허가 지표는 동행성을 보여 준다는 점에서 시장의 방향을 확인할 필요가 있습니다. 전방산업인 건설수주액, 특히 주택 부문 수주액이 다양한 후방산업에 영향을 미친다는 점도 고려할 필요가 있습니다.

### 토목 섹터

- 토목수주액, 국내 건설수주액
- 시멘트 생산량(증감률)

토목 섹터는 토목수주액, 국내 건설수주액 지표가 중요합니다. 건설수주액에서 주택과 토목 비중은 8:2 또는 7:3으로 주택 비중이 더 높습니다. 토목 비중이 증가하는 시기를 관찰할 필요가 있습니다. 토목 공

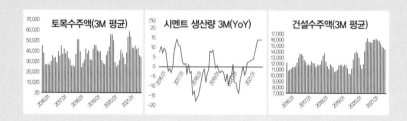

사 수요가 많은 시멘트 생산량 지표를 같이 확인하는 것도 유용한 접근이 될 수 있습니다.

### 가구 인테리어 섹터

- 주택매매거래지수, 주택담보대출증감률
- 국내: 국내 건설수주액, 인허가, 미분양
- 한국은행 기준금리, 광의의 통화(M2) 증감률
- PB, MDF 가격

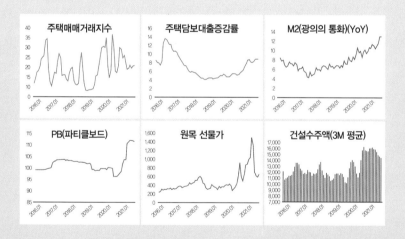

가구 인테리어 섹터는 주택매매거래지수, 주택담보대출증감률, M2 (광의의 통화) 지표 그리고 건설수주액 지표가 중요합니다. 수요 방향을 알려 줍니다. PB와 MDF 지표는 가구 인테리어 기업의 원재료 가격 방향을 알려 준다는 점에서 함께 챙겨 볼 필요가 있습니다. 가구 인테리어 섹터의 방향을 결정하는 중요한 지표 중 하나는 국내 건설수주액입니다. 따라서 주택 섹터 지표를 같이 체크하면 좋습니다.

### 건자재 섹터

- 목재 기업: MDF, PB 가격, 원목 선물가, 암모니아 수입가
- 페인트 기업: 에폭시수지, 이산화티타늄 가격, 유성페인트/에폭시 도료/우레탄도료 생산자물가지수

건자재 섹터는 목재 기업과 페인트 기업별로 지표를 세분화해서 볼

수 있습니다. 목재 기업 지표는 MDF, PB 제품 가격과 원재료인 원목 선물가 그리고 요소 가격에 영향을 주는 암모니아 수입가 지표가 중요합니다. 페인트 기업은 유성페인트/에폭시도료/우레탄도료 생산자물가지수, 원재료인 에폭시수지, 이산화티타늄 가격지표를 같이 보면 좋습니다. 건자재 섹터의 방향을 결정하는 중요한 지표 중 하나는 국내 건설수주액입니다. 따라서 주택 섹터 지표를 같이 체크하면 좋습니다.

**시멘트 섹터**

- 시멘트 단가, 유연탄 단가, 시멘트-유연탄 스프레드
- 시멘트 생산량(증감률), 건설수주액
- 탄소배출권(KAU, KOU) 가격

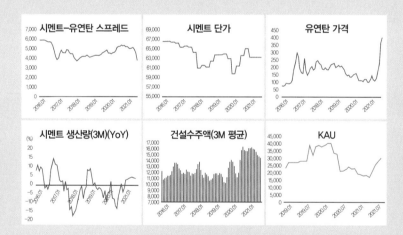

시멘트 섹터는 시멘트 단가와 유연탄 가격, 시멘트와 유연탄 스프레

드 지표가 중요합니다. 여기에 1년 선행성을 보이는 건설수주액 지표와 시멘트 생산량 지표를 같이 참고하면 투자 판단에 도움이 됩니다. KAU(탄소배출권) 가격은 환경부담금 부담 방향을 알려 준다는 점에서 참고할 만한 지표입니다.

### 레미콘 섹터

- 레미콘 단가, 시멘트 단가, 모래 단가, 레미콘-(시멘트, 모래) 스프레드
- 시멘트 생산량(증감률), 건설수주액

레미콘 섹터는 레미콘 가격에서 원재료인 시멘트와 모래 가격을 뺀 스프레드가 중요합니다. 레미콘 기업의 건설사와의 협상력이 높지 않다는 점에서 시멘트 가격 방향이 중요합니다. 전방산업인 건설수주액은 레미콘 기업의 매출(Q)을 알려 준다는 점에서 체크할 지표입니다.

### 폐기물 섹터

- 폐기물 지수

- 소각, 매립, 스팀 처리 단가
- 탄소배출권(KAU, KOC) 가격

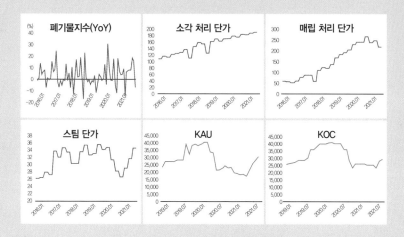

　폐기물 섹터는 시장 전반을 알려 주는 폐기물 지수를 먼저 볼 필요가 있습니다. 그리고 폐기물 처리 단가를 알려 주는 소각 처리, 매립 처리, 스팀 단가를 같이 챙겨 보면 투자 판단에 도움이 됩니다. 나아가 KAU, KOC 등 탄소배출권 가격 방향을 같이 보는 것도 폐기물 단가 방향을 예측하는 데 있어 좋은 접근이 될 수 있습니다.

# 8장

# 정유 / 화학

2021년 하반기 요소수 부족으로 경유 차량 운행이 멈추는 일이 있었습니다. 요소수는 요소에 물을 섞은 것으로, 경유 차량의 배기가스를 정화시켜 주는 SCR 장비의 촉매제 역할을 합니다. 그런데 왜 갑자기 요소수가 부족해진 걸까요? 앞서도 살펴봤듯이 배경에는 중국이 있습니다. 연결고리는 암모니아, 천연가스, 석탄입니다. 암모니아의 원료는 요소이고, 이런 암모니아는 천연가스와 석탄에서 생산됩니다. 요소는 질소비료의 주 원료입니다. 즉 비료는 요소에서, 요소는 암모니아에서, 암모니아는 천연가스와 석탄에서 추출되는 구조입니다.

중국의 석탄 소비는 전체 에너지의 60% 수준입니다. 그로 인해 탄소배출과 환경오염 이슈가 지속적으로 제기되고 있습니다. 따라서 중국은 이 비중을 낮추고 싶어 하고, 이에 다양한 환경 규제와 대체 청정에너지 수입을 확대하고 있습니다. 물론 여전히 석탄 사용 비중은 높습니다.

여기에 정치적으로 엮인 나라가 있습니다. 바로 호주입니다. 석탄 주요 수입국인데 코로나 발원지를 두고 갈등이 심각해지자 중국에서 수입 금지 조치를 취했습니다. 이 조치의 배경에는 호주가 알아서 무릎을 꿇고 찾아올 거라는 기대가 있었을 겁니다. 하지만 때마침 원유 가격이 급상승하면서 상황이 달라집니다. 대체재로 석탄을 비축해야 하는 상황에서 수입을 제한하자 공급 이슈가 발생한 겁니다. 이는 석탄 가격 급등으로 이어집니다. 석탄 가격 급등은 암모니아, 요소, 비료 가격에 영향을 주는 일종의 나비효과로 파생됩니다.

비료 가격이 급등한 바탕에는 중국 정부의 환경 규제 정책도 있습니다. 2021년부터 환경 기준에 미달한다는 이유로 비료 원재료 중 하나인 인광석 공장을 폐쇄했기 때문입니다. 비료 생산이 부족해지자 중국은 수출을 금지합니다. 이는 우리나라뿐만 아니라 전 세계 비료 가격에 영향을 주고 있습니다.

요약하면 석탄 부족이 암모니아 생산 및 요소 생산 부족으로 이어지자 중국은 수출을 규제했고, 이 영향으로 요소수 가격 급등과 더불어 공급이 부족해지면서 경유 차량의 운행 이슈가 발생한 것입니다. 이 사건의 여파는 여기서 끝나지 않고 면화 가격에도 영향을 미쳤습니다. 사실 면화뿐만이 아닙니다. 옥수수, 밀 등 국제곡물 가격과 커피 가격도 상승하고 있습니다. 라니냐 현상에 따른 이상기후 우려도 한몫하지만 비료 가격 상승의 영향이 보다 커 보입니다. 비료 가격 상승은 재배 원가 부담으로 이어지고, 재배 원가 부담은 면화, 곡물, 커피 가격 인상으로 이어지기 때문입니다. (참고로 국내 비료업체의 매출은 국내 판매와 해외 수출로 나뉩니다. 국내 판매는 농민 보호 차원에서 농협 입찰 가격이 연중 유지됩니다. 따라서 해외 수출이 중요합니다.) 이게 끝이 아닙니다. 면화 가격 상승은 대체재인 폴리에스터 수요에, 국제곡물 가격 상승은 식품 제품 가격에 영향을 미칩니다. 비료 가격 상승은 농기계 업체에 영향을 미칠 수 있습니다.

이제 정유/화학 이야기를 해 보겠습니다.

# 정유/화학
# 밸류체인 이야기

우리나라는 중동에서 가져오는 원유 비중이 높습니다. 원유를 가져오면 정유사는 끓는점에 따라 LPG, 가솔린, 나프타, 등유, 경유, 벙커C유를 뽑아냅니다. NCC는 나프타를 통해 기초 화학제품인 기초유분을 생산합니다. 다양한 전방산업에 공급되는 화학제품은 이 과정을 필수적으로 거칩니다. 해당 전방산업으로는 플라스틱 가공 산업, 타이어, 자동차, 섬유, 페인트, 조선, 식품, 비료 등이 있습니다[그림 8-1].

정유/화학 업종은 공통적으로 스프레드라는 개념을 많이 사용합니다. 스프레드는 제품 가격에서 원재료 가격을 뺀 값입니다. 즉 '스프레드의 증가'는 '이익이 증가한다'는 말과 같습니다.

정유/화학 업종은 B2B 사업입니다. B2C 사업처럼 고객 차별화 전

현명한 지표 투자

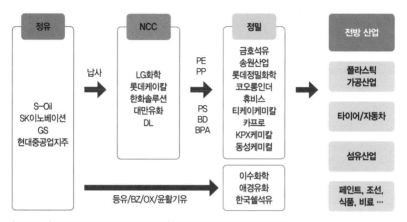

[그림 8-1] 국내 석유화학 업계 수직계열화(출처: 한화투자증권 리서치센터)

략과 그와 연계된 마케팅이 중요하지 않습니다. 한 예로 NCC(Naphtha Cracking Center) 기업인 롯데케미칼에서 생산하는 폴리에틸렌(PE)과 같은 NCC 기업인 대한유화에서 생산하는 폴리에틸렌 간 제품 차별성은 없습니다. 마찬가지로 SK이노베이션이 뽑아내는 휘발유와 S-Oil이 뽑아내는 휘발유도 제품 차별성이 없습니다.

정유사, NCC, 정밀화학 기업은 각자 주력 제품이 다릅니다. 한 예로 같은 NCC 기업이지만 한화솔루션은 PVC에 강점을 보이는 반면, 롯데케미칼과 대한유화는 폴리에틸렌 비중이 높습니다. 그럼에도 실적과 주가 방향은 동행성을 보입니다. B2B 사업이라는 특성상 NCC 기업은 같은 비즈니스군으로 묶이는 경향이 있습니다. 이는 정유사도 같습니다. 따라서 핵심 스프레드와 전방산업을 중심으로 시장 방향을 읽을 필요가 있습니다.

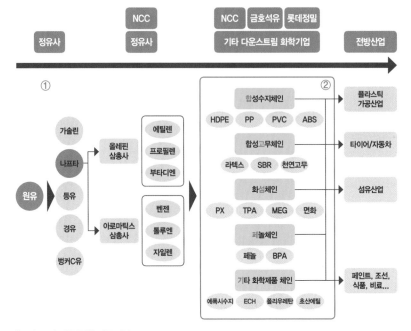

[그림 8-2] 정유/화학 밸류체인

[그림 8-2]는 정유/화학 밸류체인을 보다 상세하게 펼친 것으로 ①은 정유사에 대한 설명입니다. 앞서 중동에서 주로 원유를 수입한다고 했습니다. 또한 도입한 원유를 증류탑에서 끓는점에 따라 제품으로 뽑아내는데 그 예가 가솔린, 나프타, 등유, 경유, 벙커C유라고 했습니다. 원유를 정제해서 만든 석유 제품의 평균 가격에서 도입한 원유의 가격을 뺀 것을 단순정제마진이라고 합니다. 고도화 설비를 통해 벙커C유를 가솔린, 등유 등으로 다시 뽑아내는데, 이들 제품과 투입한 벙커C유 간의 가격 차이를 크랙마진이라고 합니다. 보통 정제마진이라고 부르는 것은 단순정제마진과 크랙마진의 합입니다. 단순정제마진과 구분하기

위해 복합정제마진이라고 부르기도 합니다.

여기서 중요한 것은 나프타입니다. '석유화학의 쌀'이라 불리는 나프타는 기본적으로 탄화수소 복합체입니다. 탄소와 수소로 결합되어 있다는 의미입니다. 5~12개의 탄소수로 구성되어 있는 나프타는 탄소수에 따라서 다양한 기초유분을 생산하며 두 종류로 나뉩니다. 끓는점 35~120도 사이에서 나오는 경질 나프타와 끓는점 130~220도 사이에서 나오는 중질 나프타입니다. 경질은 탄소수가 적고, 중질은 탄소수가 많습니다.

경질 나프타는 크래킹 공정을 거칩니다. 크래킹은 말 그대로 분해(Cracking)한다는 의미입니다. 나프타를 800도 이상의 가열로에 투입시키고 탄소고리를 분해합니다. 그렇게 에틸렌(C2), 프로필렌(C3), 부타디엔(C4)으로 분해하며 탄소수가 각각 2개, 3개, 4개로 구성됩니다. 올레핀이라고 부르기도 합니다. 나프타를 크래킹하는 곳이라고 해서 NCC라고도 합니다. 대표 관련 기업으로는 LG화학, 롯데케미칼, 대한유화 등이 있습니다.

중질 나프타는 개질 공정—또는 리포밍 공정—이라고 해서 촉매를 통해 BTX와 가솔린을 얻습니다. BTX는 벤젠(C6), 톨루엔(C7), 자일렌(C8)으로 탄소수가 각각 6개, 7개, 8개로 구성됩니다. 아로마틱스라고 부르기도 합니다. 여기서 중요한 것은 BTX뿐만 아니라 가솔린(휘발유)을 얻을 수 있다는 점입니다. 때문에 BTX 설비는 NCC뿐만 아니라 정유사도 갖추고 있습니다.

이제 ②번 화학제품 체인, 즉 화학제품과 전방산업의 연결고리를 설명해 보겠습니다. 합성수지 체인, 합성고무 체인, 화섬 체인, 페놀 체인, 기타 화학제품 체인으로 구분할 수 있습니다. 체인은 다양한 화학제품의 연결이라고 이해하면 됩니다.

먼저 합성수지 체인을 살펴보면 주로 NCC 기업이 생산합니다. 전방산업은 플라스틱 가공 산업입니다. 우리가 사용하는 대부분의 플라스틱을 생산한다고 보면 됩니다. 볼펜, 쟁반, 그릇 등 다양하죠. 즉 가장 큰 시장입니다. 대표적으로 폴리에틸렌, 폴리프로필렌(PP)이 여기에 해당됩니다. 가전기기용 플라스틱은 ABS, PC가 해당되며, 가구/인테리어와 관련해서는 PVC가 대표적입니다. 코로나가 퍼지면서 '펜트업' 효과로 가전기기와 가구 판매가 급증했습니다. 2020년 하반기부터 2021년 상반기까지 NCC 기업이 시장의 주목을 크게 받은 이유를 이해할 수 있습니다.

그다음은 합성고무 체인으로 전방산업은 타이어와 자동차입니다. 타이어는 합성고무와 천연고무를 함께 사용하는데, 참고로 합성고무는 천연고무의 대체재이자 보완재이기도 합니다. 대체로 타이어와 자동차 가격은 동행성을 보입니다. 자동차 판매가 증가하면 타이어나 합성고무의 수요도 많아질 것이기 때문입니다. 합성고무의 제품으로는 라텍스가 있습니다. 근 2년간 코로나로 의료용 장갑의 수요가 크게 늘었습니다. 금호석유 이익이 급증한 이유도 여기에 있습니다.

다음은 화섬 체인입니다. 화섬은 화학섬유의 준말로 폴리에스터, 나일론, 아크릴섬유가 대표적입니다. 전방산업은 의류로, 의류 업황이 개선되면 면화의 수요뿐만 아니라 폴리에스터의 수요도 증가합니다. 이는 면화의 대체재이기 때문입니다. 그런데 2021년 하반기에 들어서면서 방향이 달라지고 있습니다. 면화 가격은 지난 10년을 통틀어 가장 높은 수준까지 상승했지만 화섬 체인의 주요 제품이자 폴리에스터의 원재료인 MEG는 부진하기 때문입니다. 이는 앞서 언급한 국제곡물가격 상승과 연관이 있습니다. 비료 가격 상승이 국제곡물뿐만 아니라 면화 가격에도 영향을 주고 있습니다.

페놀 체인의 대표 제품은 아세톤입니다. 아세톤은 페인트, 니스에 사용됩니다. 소소하게는 매니큐어를 지울 때도 사용하죠. 페놀, 비스페놀에이(BPA)는 합성수지 체인과 기타 화학제품 체인과 결합해 다양한 용도로 활용됩니다.

마지막으로 기타 화학제품 체인입니다. 굉장히 다양한 제품이 여기에 속합니다. 에폭시수지, 폴리우레탄, 초산에틸, 비료, 계면활성제 등이 그 예입니다. 에폭시수지는 도료, 페인트 등에, 폴리우레탄은 매트리스, 스티로폼, 단열재 등에, 초산에틸은 잉크 등에, 계면활성제는 비누, 샴푸, 세제 등에 사용됩니다.

지금까지 정유사와 5개 화학제품 체인에 대해 설명했습니다. 체인별 기업 MAP을 그려 보면 [그림 8-3]과 같습니다. 이제 구체적인 사례를 통해 더 깊숙이 석유화학의 세계에 들어가 보겠습니다.

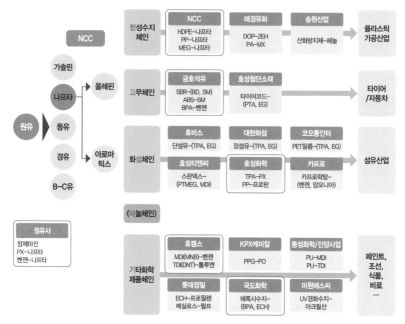

[그림 8-3] 체인별 기업 MAP

# 프로판 시장과
# 효성화학

프로판 시장 이야기를 하기 전에 효성화학 이야기를 하지 않을 수 없습니다. 효성화학의 주요 제품은 폴리프로필렌(PP), 테레프탈산(TPA), 무수불산(NF3)입니다. 테레프탈산(TPA)은 폴리에스터에, 무수불산(NF3)은 반도체 세정 가스로, 폴리프로필렌(PP)은 플라스틱에 사용됩니다. 이 중 매출 비중은 폴리프로필렌이 월등히 높습니다.

흥미로운 건 다른 화학 기업은 주로 나프타(납사)를 원재료로 폴리프로필렌을 생산하는 데 반해, 효성화학은 프로판을 원재료로 사용한다는 것입니다. PP/DH라는 설비를 통해 원료인 프로판에서 폴리프로필렌을 생산해 냅니다. 현재 베트남에 대규모 설비투자를 한 상황입니다.

우리나라는 주로 프로판을 사우디 아람코를 통해 수입해 왔습니다. 그러다 미국에서 셰일오일과 셰일가스 생산을 늘리고, 당시 대통령이었던 트럼프의 압력이 더해지면서 우리나라뿐만 아니라 중국 역시 미국산 프로판 수입 비중을 높였습니다. 그러던 중 2018년 6월에 미-중 무역 분쟁이 발발했습니다. 미국이 중국산 IT 기기에 대해 추가 관세를 부과하자 중국이 타격을 받았고, 이에 발끈한 중국이 꺼낸 보복 카드 가운데 하나가 당시 30%까지 늘어난 미국산 프로판 수입을 금지하는 것이었습니다.

이 사건으로 시장은 효성화학에 관심을 갖습니다. 중국이 미국산 프로판보다 비싼 사우디 아람코 프로판의 수입을 늘리자 미국산 프로판이 어디로 갈 것인가를 추측한 끝에 우리나라를 지목한 것입니다. 그리고 프로판을 원재료로 폴리프로필렌을 생산하는, PP/DH 설비를 갖춘 효성화학이 수혜를 입지 않겠느냐는 기대감으로 이어진 것입니다.

효성화학 입장에서는 미국에서 셰일가스 생산을 늘릴수록 그래서 공급 증가로 가격이 하락할수록 유리한 원가 구조를 가지고 있습니다. 반대로 미국의 셰일 산업이 부진하고 그에 따라 프로판 공급이 감소한다면 또는 프로판 가격이 상승한다면 효성화학에 대한 시장 우려도 많아질 것입니다. 이런 이유에서 프로판 시장을 이해하면 효성화학 그리고 미국의 셰일가스와 아람코의 프로판 가격 방향도 알 수 있습니다.

화학제품을 생산하려면 원재료로 화석연료가 사용되는데 그 예가 나프타, 에탄, 석탄입니다. 나프타는 원유를 끓이는 과정에서, 에탄은 셰일가스로부터 나옵니다.

이런 나프타, 에탄, 석탄 등을 이용해서 기초 화학제품인 기초유분을 만드는 생산 설비들이 있습니다. 유형에 따라 구분하면 NCC는 나프타를, ECC는 에탄을, PP/DH는 프로판을, CTO/MTO는 석탄이나 메탄올을 이용합니다. CTO는 Coal to Olefin, MTO는 Methanol to Olefin의 약자입니다. NCC의 대표 기업은 롯데케미칼, LG화학, 대한유화입니다. ECC는 미국의 셰일가스 업체들을 들 수 있고, CTO/MTO는 중국 기업들이 대두됩니다. 하지만 환경오염 문제로 가급적 가동을 줄이는 추세입니다. PP/DH는 효성화학이 대표 기업입니다. DH를 풀이하면 탈수소(Dehydrogenation)라는 의미로, 이 설비를 통해 폴리프로필렌을 생산합니다.

참고로 메탄, 에탄, 프로판, 부탄은 형제입니다. 엄마가 같습니다. 셰일층에서 셰일가스를 뽑아 올리면 탄소 수에 따라 C1, C2, C3, C4로 나뉘는데요. 여기서 C1이 메탄, C2가 에탄, C3가 프로판, C4가 부탄입니다. 메탄은 LNG(액화천연가스)로, 에탄은 ECC로, 프로판과 부탄은

LPG(액화석유가스)로 사용됩니다.

지금까지의 이야기를 그림으로 요약하면 [그림 8-4]와 같습니다.

**화학제품 생산 설비 유형**

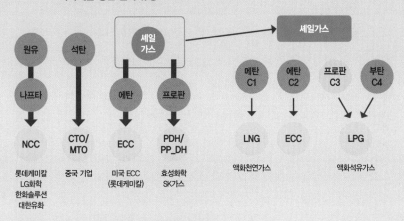

[그림 8-4] 화학제품 생산 설비별 유형 및 프로판 족보

# 폴리우레탄 시장과
# KPX케미칼, S-Oil

폴리우레탄은 매트리스, 쿠션, 스티로폼, 신발 밑창, 단열재, 보냉재 같은 제품으로 사용됩니다. 활용도가 광범위합니다. 폴리우레탄의 여러 원재료 가운데 폴리프로필렌글리콜(PPG)이 있습니다. KPX케미칼에서 주로 생산하는데요. 폴리프로필렌글리콜(PPG)의 원재료는 프로필렌옥사이드(PO)입니다. 예전에는 SKC가 독점으로 생산·공급했으나 2018년 말에 정유사인 S-Oil이 이 시장에 뛰어들면서 이야기가 달라졌습니다.

전기차 시장이 도래하면서 가장 큰 우려를 낳은 업종이 정유였습니다. 전기차 판매가 증가할수록 휘발유, 경유 사용량이 감소할 것이기 때문입니다. 그에 따라 기업은 생존을 위해 신규 사업을 추진합니다. 그중 한 곳이 S-Oil이고 또 이야기할 수 있는 다른 한 곳이 SK이노베이션입니다. SK이노베이션은 2차전지 사업으로 포트폴리오를 변화시키고 있습니다.

정유사만 변하는 게 아닙니다. NCC 기업도 변화하고 있습니다. LG화학은 LG에너지솔루션을 통해 2차전지 글로벌 탑으로 나아가고 있고, 한화케미칼도 태양광 사업을 하면서 사명도 한화솔루션으로 바꿨습니다. 롯데케미칼은 아예 미국에 ECC 공장을 설립해서 ECC 사업으로 확장하고 있습니다.

S-Oil이 추진한 신규 화학 사업은 RUC/ODC 프로젝트입니다. 투자

규모는 4.8조이고, 2년여의 준비 기간을 거쳐 2018년 11월에 상용화되었습니다. RUC(Residue Upgrading Complex)는 잔사유 고도화 컴플렉스라고 해서 가치가 낮은 잔사유를 고부가치의 휘발유 및 올레핀 다운스트림 제품으로 전환하고, ODC(Olefin Downstream Complex)는 올레핀 다운스트림 컴플렉스라고 해서 프로필렌옥사이드와 폴리프로필렌을 생산하는 설비를 말합니다. Capa(생산능력)로 보면 폴리프로필렌은 연간 40.5만 톤, 프로필렌옥사이드는 30만 톤 규모입니다.

앞서 말했듯이 기존 프로필렌옥사이드 시장은 SKC가 독점적 위치에 있었습니다. 하지만 S-Oil이 PO 시장에 진출하면서 독점 구조는 흔들리고 가격은 하락하게 됩니다. PO를 원재료로 PPG를 생산하는 KPX케미칼이 시장에서 주목을 받은 이유입니다.

폴리우레탄 시장의 업황개선 시기가 도래하면 KPX케미칼은 상대적으로 유리한 입장에 놓이게 될 것이고, RUC/ODC 설비투자를 통해 올레핀 다운스트림 시장에 진출한 S-Oil 역시 실적 개선을 기대할 수 있습니다. 개인적으로 2차전지 사업으로 진출한 SK이노베이션과 화학사업으로 진출한 S-Oil 가운데 누가 먼저 웃을지 궁금합니다. 역시 2차전지 사업으로 진출한 LG화학과 태양광 사업으로 진출한 한화솔루션, ECC 설비로 방향의 차별화를 보여 주는 롯데케미칼 가운데 누가 먼저 웃을지도 궁금합니다.

폴리우레탄 시장을 그림으로 그려 보면 [그림 8-5]와 같습니다. 이 배경을 이해하고 PPG, PO 지표를 보면 보다 눈에 잘 들어올 것입니다. 반면 단순히 스프레드만 보고 투자하면 생각보다 어려운 투자가 될 수

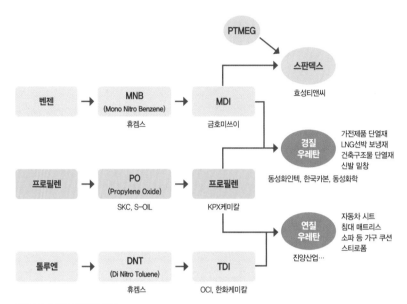

[그림 8-5] 폴리우레탄 시장

있습니다. 즉 시장 흐름을 읽는 게 중요합니다.

# 코로나 최대 수혜주 금호석유

코로나 발생 이후 가장 큰 수혜를 본 기업은 어디일까요? 저는 금호석유화학이라고 생각합니다. 합성고무(SBR) 생산 1위 기업입니다. 합성고무는 대개 자동차 타이어용으로 사용되죠. 이런 기업이 코로나 최대 수혜 기업이라니 무슨 의미일까요?

코로나가 발발한 이후 가전기기와 가구/인테리어 판매가 급증했습니다. 외부 활동보다는 집콕 시간이 길어지면서 발생한 변화인데요. 가전기기와 가구/인테리어 증가는 화학제품 수요 증가로 이어집니다. 한 예로 TV, 냉장고, 청소기, 노트북에 들어가는 가전기기용 플라스틱이 있습니다. 가전기기용 플라스틱을 보통 합성수지라고 부릅니다. 그리고 타이어에 사용되는 합성고무(SBR)는 의료용 장갑인 라텍스로도 사용됩니다. 코로나 이후 합성고무의 수요도 급증했습니다. 그 이유는 쉽게 추측이 가능합니다. 바로 의료용 장갑의 수요가 늘어났기 때문입니다. 이 두 가지 제품군을 모두 생산하는 기업이 바로 금호석유입니다.

주요 제품 스프레드 추이를 그려 보면 금호석유의 실적 개선 추이가 보다 잘 보입니다. 금호석유의 분기별 스프레드를 보면 코로나 이후 급증하고 있음을 알 수 있습니다. 또한 주요 제품 스프레드를 지수화해서 영업이익과 비교해 보면 동행성도 확인할 수 있습니다[그림 8-6].

다만 여기서 한 가지 잊지 말아야 할 것이 있습니다. 화학 업종은 경기민감주입니다. 즉 업 다운을 반복하는 사이클 산업인 셈입니다. 화학제품의 수요는 플라스틱 가공 산업, 타이어/자동차, 의류, 페인트, 조선, 비료 등 다양한 전방산업이 결정합니다. 따라서 전방산업 방향에 따라 Peak-Out(정점) 우려가 언제든 제기될 수 있으며 변동성도 큽니다. 이는 전적으로 현재 실적과 무관합니다. 현재 실적이 개선된다 해도 향후 실적이 하락할 수 있다는 다운 사이클 우려가 등장하면 시장 반응은 180도 달라집니다.

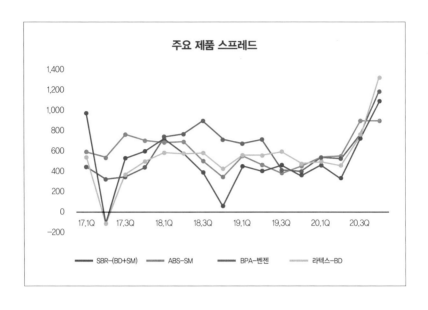

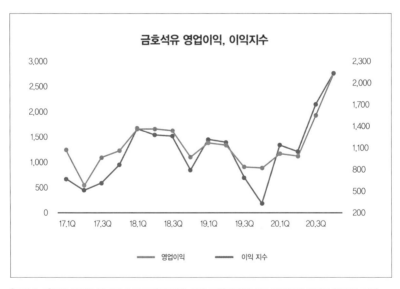

[그림 8-6] 금호석유의 분기별 스프레드(2017년~2021년)(관세청 자료 인용하여 저자가 새롭게 그림)

# NCC 기회와
# 우려 이야기

화학 업종에서 NCC 기업이 차지하는 위치는 상당히 중요합니다. 기초유분과 합성수지 제품을 생산하고, 화학 업종의 실적 방향을 알려 주는 대표성과 상징성을 갖고 있습니다. 그래서 NCC 기업의 방향을 이해하는 것은 중요합니다.

2022년은 NCC에게 기회와 위기가 공존하는 시기입니다. 먼저 기회 요인은 석탄 가격 상승입니다. 앞서 중국의 CTO/MTO 설비를 설명하면서 석탄과 메탄올로 화학제품을 생산하는 설비라고 했습니다. 대표적인 것이 PVC, PE, PP 같은 합성수지 제품입니다. 현재 석탄 가격이 급등하면서 CTO/MTO 설비에도 원가 부담이 가중되는 상황입니다. 그렇게 중국이 CTO/MTO 설비 가동률을 줄이면 상대적으로 국내 NCC 기업은 반사이익을 기대할 수 있습니다.

위기 요인은 대규모 증설 사이클에 접어들었다는 점입니다. 중국과 우리나라는 공통적으로 에틸렌, PP, PE 등 올레핀 신규 설비를 가동하고 있습니다. 사실 2020년과 2021년 사이에 가동을 계획하던 크래커 일부가 코로나를 이유로 지연되면서 2022년에 신규 가동이 늘어나고 있습니다. 수요가 지속적으로 증가한다면 증설 이슈는 문제되지 않겠지만 경기 사이클이 둔화되면서 수요가 감소하는 시기와 맞물린다면 증설은 매우 큰 이슈가 될 수 있습니다.

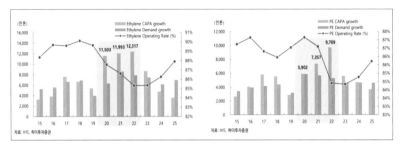

[그림 8-7] 생산설비 및 수요 증가 추이(출처: 하이투자증권)

# 나프타 가격이 상승하면
# 화학 기업 실적이 좋아진다?

앞선 사례를 통해 정유/화학 시장에 대한 이해도는 높아졌을 거라고 생각합니다. 이제 퀴즈를 한 번 내보겠습니다. 제품 가격에서 원재료 가격을 뺀 값인 스프레드는 화학 기업의 이익을 알려 준다고 했죠? 5개의 화학제품 체인을 다시 떠올려 보십시오. 그리고 나프타를 기억해 내십시오.

나프타는 모든 화학제품의 원재료입니다. 자, 그럼 정말로 원재료인 나프타의 가격이 하락하면 화학 기업은 스프레드 증가로 이익이 늘고, 나프타 가격이 상승하면 화학 기업은 스프레드 감소로 이익 역시 줄어드는 걸까요? 가끔 뉴스 기사를 보면 나프타 가격 상승으로 화학 기업 주가가 하락할 거라고 이야기하곤 합니다. 맞는 말일까요?

다음은 나프타 가격, NCC 기업 주요 스프레드 그리고 롯데케미칼 주가를 같이 그린 그림입니다[그림 8-8]. 지난 10년을 펼쳐 보면 3번의

[그림 8-8] 나프타 가격, NCC 기업 주요 스프레드 그리고 롯데케미칼 주가(출처: KB증권 애널 리포트)

상승기와 3번의 하락기가 있습니다. 상승기의 공통점은 무엇일까요? 바로 나프타 가격과 스프레드가 함께 상승한다는 점입니다. 일반적인 예상과는 다르죠? 사실 조금 더 생각해 보면 매우 합리적인 이야기입니다.

원유 가격과 나프타 가격은 동행합니다. 도입 원유 가격이 높은 수준이면 정유사의 제품 가격도 높아지니까 말이죠. 나프타 가격이 상승하면 화학제품의 원가 부담이 증가하는 것은 사실입니다. 그러나 이 시기의 전방산업이 호황이라면 문제가 되지 않습니다. 화학제품의 수요가 많아지면서 가격 상승으로 이어지기 때문입니다. [그림 8-8]에서 1, 2, 3번 시기가 여기에 해당됩니다.

문제는 반대 경우입니다. 높은 나프타 가격이 유지되면서 원가 부담은 증가하는데 전방산업이 부진한 경우입니다. 예를 들어 가전기기, 가구, 자동차 판매가 줄어든다면 화학제품 수요 역시 감소하고, 이는 가격 부진으로 이어질 것입니다. 이 시기 화학 기업은 스프레드 감소로 이익이 급감하게 되겠죠. [그림 8-8]에서 1, 2, 3번 이외의 시기가 여기에 해당됩니다. 결국 전방산업이 호황인지, 불황인지를 보는 것이 중요합니다. 즉 이 시장은 수요와 공급 관점에서 바라봐야 합니다.

덧붙여 대규모 장치 산업의 특성을 이해할 필요가 있습니다. 경기가 호황일 때 석유화학 기업은 증설을 시작합니다. 그리고 증설 물량이 늘어나는 시점에 공급은 과잉으로 변하게 되죠. 이때 경기가 불황이라면 이익 감소와 함께 공장가동률은 떨어지고 결과적으로 신규 증설 계획을 보류하게 됩니다. 짧게는 1~2년, 길게는 3~4년의 주기로 호황과 불황의 주기가 이어집니다. 연일 호황 기사가 나오고 공장설비 증설 뉴스가 나오면 조심할 시기가 다가오고 있다고 생각해야 합니다. 반대로 화학 기업 적자가 지속되고 있고 투자 계획 전면 중단 같은 특단의 조치가 뉴스로 나오기 시작하면 발상을 전환하여 관심을 가질 필요가 있습니다.

마지막으로 화학제품 가격과 나프타 가격을 확인하는 방법을 정리해 보겠습니다. 앞서 살핀 바 있던 관세청 수출 지표를 활용하거나 증권사 리포트를 참고하면 좋습니다. 이와 관련하여 다수의 화학 애널리스트들이 주 단위로 화학제품 가격을 제공하고 있습니다. 한 달 주기로 제품 가격지표를 체크하는 것은 방향을 이해하는 데 큰 도움이 됩니다.

1. 정유/화학 업종은 B2B 사업입니다. B2C 사업처럼 고객 차별화 전략이나 마케팅이 중요한 산업이 아니라는 뜻입니다. B2B 사업의 특성상 핵심 제품의 스프레드와 전방산업을 중심으로 시장 방향을 읽어야 합니다.

2. 정유 기업은 원유를 들여와 다양한 석유제품을 생산합니다. 생산한 석유제품에서 도입한 원유 가격을 뺀 값이 정제마진입니다. 정제마진을 중심으로 보되 정유 기업의 변신에도 관심을 가질 필요가 있습니다. SK이노베이션은 2차전지 사업으로, S-Oil은 RUC/ODC 설비투자를 통한 화학 사업으로 사업 영역을 변화시키고 있습니다.

3. 석유화학 기업은 나프타를 원재료로 다양한 화학제품을 생산합니다. 화학제품은 다양한 전방산업과 연결됩니다. 따라서 전방산업과의 연결고리를 이해하는 것이 중요합니다. 합성수지는 플라스틱 가공사업, 합성고무는 타이어와 자동차, 화섬은 의류 산업과 밀접하게 연결됩니다. 그 밖에 폴리우레탄, 비료, 페인트 산업 등과도 이어지죠. 제품과 원재료 간 스프레드뿐만 아니라 전방산업의 방향을 같이 읽는 것이 중요합니다.

4.    석유화학 기업은 호황과 불황의 사이클을 타게 됩니다. 경기가 호황일 때 석유화학 기업은 증설을 시작합니다. 하지만 증설 물량이 늘어나는 시점에 공급은 다시 과잉으로 변해서 불황으로 이어집니다. 석유화학 지표가 개선되고 기업이 호실적을 발표하며 시장이 환호하는 시기에는 증설 관련 공시와 기사를 체크하고 방어적인 시각으로 시장을 바라볼 필요가 있습니다.

## ■ 정유/화학 섹터별 주요 지표

### 정유 섹터
- 스프레드: 정제마진, PX-나프타, 벤젠-나프타, 윤활기유-유가
- 국제유가(두바이유), 환율

정유 섹터는 정제마진, PX-나프타, 벤젠-나프타, 윤활기유–유가 지표가 중요합니다. 정유사는 정제설비뿐만 아니라 화학설비도 일부 보유하고 있습니다. 중동산 원유의 heavy한 성분으로 아로마틱스 산출량이 많다 보니 정유사는 BTX 설비를 통해 파라자일렌(PX), 벤젠을 화학 기업에게 공급합니다. 윤활기유는 환경 이슈로 중국과 인도향 수출이 증가하고 있습니다. 정제마진 지표가 가장 중요합니다. 원유 가격

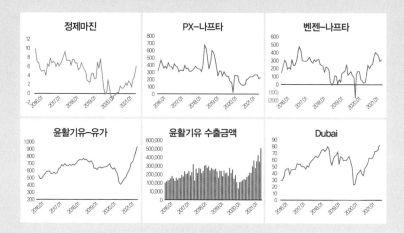

이 상승하면 재고평가이익이, 원유 가격이 하락하면 재고평가손실이 발생한다는 점에서 유가를 같이 살펴봐야 합니다.

### 합성수지 섹터

- 스프레드: 에틸렌-나프타, PP-나프타, HDPE-나프타, ABS-SM, PVC-나프타, PP-프로판
- 국제유가(두바이유), 나프타, 프로판

합성수지 섹터는 나프타, PP-나프타, HDPE-나프타, ABS-SM, PVC-나프타 스프레드가 중요합니다. 합성수지 제품 가격과 나프타 가격 간 스프레드는 실적을 말해 주는데 PP-나프타, HDPE-나프타, ABS-SM, PVC-나프타 스프레드는 NCC 기업의 실적을, PP-프로판 스프레드는

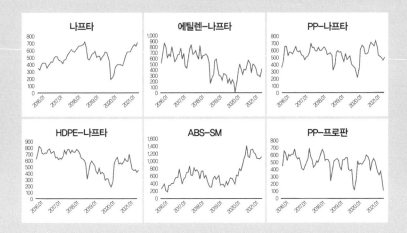

PP/DH 설비를 갖춘 효성화학의 실적을 알려 줍니다. 다만 나프타 가격만 보고 업황을 판단해서는 안 됩니다. 나프타 가격과 제품 가격이 동반 상승하는 시기가 수요 증가, 가격 상승의 호황으로 접어드는 시기라는 점도 기억해 둘 필요가 있습니다.

### 합성고무 섹터

- 스프레드: SBR-(BD,SM), NB라텍스-부타디엔 스프레드
- 합성고무/천연고무 가격, 타이어 수출금액, 스틸 타이어코드 가격/수출금액

합성고무 섹터는 SBR-(BD,SM), NB라텍스-부타디엔 스프레드가 중요합니다. 제품으로 보면 합성고무 가격과 NB라텍스 가격 그리고 수

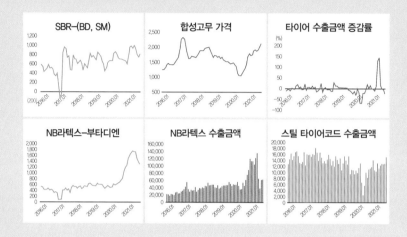

출금액 지표가 중요합니다. NB라텍스는 말레이시아로 주로 수출됩니다. 의료용 장갑 글로벌 1위 기업인 탑 글로브가 말레이시아 기업입니다. 합성고무의 전방산업이 타이어/자동차라는 점에서 타이어 수출금액 지표를 같이 볼 필요도 있습니다. 스틸 타이어코드, 폴리에스터 타이어코드 지표도 참고하면 좋습니다.

### 화섬 섹터

- 스프레드: MEG-나프타, TPA-PX, 카프로락탐-벤젠 스프레드
- 미국 면화 가격, 의류 판매액

화섬 섹터는 MEG-나프타, TPA-PX 스프레드가 중요합니다. MEG, TPA 모두 폴리에스터의 원재료입니다. 미국 면화 가격도 같이 체크하

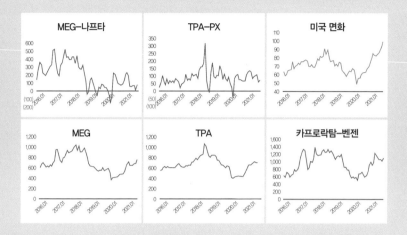

면 좋습니다. 전방산업인 의류 수요가 증가하면 면화 수요 증가, 가격 상승으로 이어집니다. 면화 수요 증가는 대체재인 폴리에스터, 카프로락탐(나일론), 아크릴섬유 수요로 이어집니다. 참고로 TPA의 원재료는 PX입니다. 정유사에서 주로 공급합니다. 따라서 화섬 섹터 업황개선은 정유사와도 연결됩니다.

### 기타 화학제품 섹터

- 에폭시: 에폭시수지-(BPA, ECH) 스프레드
- 폴리우레탄: MDI-벤젠, TDI-톨루엔, PPG-PO 스프레드
- 고기능성 플라스틱(POM): POM-메탄올 스프레드

기타 화학제품 섹터는 다양한 제품과 기업군이 포함되어 있습니다.

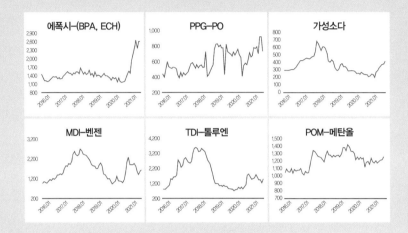

에폭시수지, 폴리우레탄, 가성소다, POM(고기능성 플라스틱) 등이 있습니다. 에폭시수지는 에폭시-(BPA, ECH) 스프레드를 주로 보며 국도화학, 롯데정밀화학이 해당됩니다. 폴리우레탄은 MDI-벤젠, TDI-톨루엔, PPG-PO 스프레드를 주로 보며 휴켐스, KPX케미칼, SKC, S-Oil과 연결됩니다. POM(고기능성 플라스틱)은 코오롱플라스틱이 해당됩니다.

### 비료 섹터

- 복합비료-암모니아 스프레드
- 암모니아 수입가, 복합비료 수출가, 탄산칼륨 수출가
- 유연탄 가격, 국제곡물가격: 옥수수, 소맥(밀), 대두, 원당

비료 섹터는 암모니아 수입가, 복합비료 수출가, 탄산칼륨 수출가

지표가 중요합니다. 암모니아와 탄산칼륨은 비료의 원재료이며 비료 가격에 영향을 줍니다. 특히 암모니아 가격 방향이 중요합니다. 비료는 내수와 수출가가 다르다는 점에서 수출가 위주로 체크하는 것이 유용합니다.

# Chapter

# 2

투자에 활용하는 법

지금까지 업종 지표에 대한 이야기를 했습니다. 관심 있는 업종 이야기는 친근하게 다가왔을 것이고 생소한 업종 이야기는 낯설게 다가왔을 것입니다. 습관과 반복이 중요합니다. 한 달에 한 번 또는 분기에 한 번씩 관심 업종 위주로 지표를 체크한다면 큰 무기가 될 것입니다.

2부에서는 업종 지표에 대한 이해를 바탕으로 실제 투자에 활용하는 방법에 대해 알아보겠습니다. 크게 네 가지가 있습니다. 첫 번째는 지표를 통해 직접 기업에 투자하는 방식입니다. 업황을 통해 투자할 기업을 찾는 접근도 가능하고, 개별 기업에 집중해서 업종 지표를 활용하는 접근도 가능합니다. 두 번째는 업황이 개선되는 업종에 투자하는 방식입니다. 이때는 업종 ETF를 활용합니다. 세 번째는 업종을 세분화한 섹터를 기반으로 투자하는 방식입니다. '철강 업종'같이 큰 덩어리로 다루기보다 열연, 철근, 강관 등의 섹터로 세분화하면 섹터의 업황개선 여부에 대해 좀 더 명확하게 확인할 수 있습니다. 우리는 섹터 ETF를 활용해 업황개선 섹터에 투자하는 방법을 알아볼 것입니다. 네 번째는 업종 지표를 활용한 퀀트 투자 방식입니다. 퀀트 투자의 일반적인 방법론을 적용하는 것은 동일합니다만 '지표 개선'이라는 기준으로 먼저 필터링한다는 점에서 차별성이 있습니다.

# 9장

## 업황개선 투자 사례

# 지표를 통한
# 직접 기업 투자 방식

업종 지표를 활용해 직접 기업에 투자하는 방식은 크게 둘로 나눌 수 있습니다. 하나는 업종 지표 방향(업황의 추이)을 통해 투자할 기업을 찾는 방식이고, 다른 하나는 개별 기업의 분석을 통해 투자 기회를 찾는 방식입니다. 사실 두 가지 방식은 별개로 보기 어렵습니다. 출발점을 업종에 두느냐, 기업에 두느냐의 차이일 뿐입니다.

업종별로 중요한 지표를 떠올려 보겠습니다. 식품 업종은 국제곡물 가격과 라면, 담배 수출금액 지표가 중요합니다. 골판지 업종은 원지와 폐지 가격 지표가 중요하고, 철강 업종은 열연과 철광석 가격, 중국 조강생산량 지표가 중요합니다.

이 지표를 업종 주요 기업에 대입해 보겠습니다. 식품 기업인 삼양식품은 국제곡물 소맥(밀) 가격과 라면 수출금액 지표를 활용할 수 있습니다. 골판지 기업인 신대양제지와 아세아제지는 원지와 폐지 스프레드를 통해 실적 추정이 가능합니다. 철강 기업인 POSCO는 열연과 철광석 스프레드, 우리나라 열연생산량 지표를 통해 실적을 파악할 수 있습니다.

이번에는 기업에서 출발해 볼까요? 비철금속 기업 세방전지는 납축전지 수출금액 비중이 높고 제품인 납축전지와 원재료인 납 가격의 스프레드가 중요합니다. 시멘트 기업인 아세아시멘트는 시멘트 가격과 원료인 유연탄 가격 그리고 시멘트 생산량이 중요합니다.

이들 기업의 실적 방향은 업종 지표가 알려 줍니다. 비철금속 업종은 아연, 구리, 납 가격 지표, 무역협회는 납축전지 수출금액을 제공합니다. 시멘트 업종은 시멘트와 유연탄 스프레드, 시멘트 생산량(건설수주액) 지표를 제공합니다.

이번에는 조금 더 구체적인 사례를 들어 보겠습니다. 투자자 A와 B씨는 개별 기업에 집중하는 투자자입니다. 기업 실적 분석을 위해 업종 지표를 활용하는 사례입니다. 투자자 A 씨가 투자하는 기업은 현대차입니다. 투자자 A 씨가 살펴봐야 할 지표는 무엇일까요? 바로 현대차의 중국과 미국 공장 출하지표, RV 판매지표 그리고 전기차 판매지표입니다. 미국 공장 출하와 RV 판매 비율 증가 추이를 통해 실적 개선 방향을 확인할 수 있습니다. 또한 IONIQ5 등의 전기차 모델을 통해 전기차 시장의 대응 방향을 확인할 수 있습니다.

한편 투자자 B 씨가 매수한 기업은 SK하이닉스입니다. 반도체 업종이죠. B 씨는 DRAM과 NAND 메모리 가격, 반도체 수출물량지수를 먼저 확인해야 합니다. 그리고 메모리반도체의 전방시장인 PC, 스마트폰, 서버 시장 지표인 대만 IT 기업 실적과 중국 스마트폰 출하지표도 확인해야 합니다. 마지막으로 SK하이닉스와 동행성을 갖는 필라델피아반도체지수(SOX)도 확인하면 좋습니다.

반대로 투자자 C 씨와 D 씨는 업종 방향과 시장 뉴스에 관심을 갖고 있습니다. 시장에 영향을 주는 뉴스를 단서로 업종 지표를 통해 방향을 이해하고 개별 기업에 접근하는 투자자입니다. 투자자 C 씨는 코로나로 인해 의료용 장갑 수요가 증가할 거라는 뉴스를 접했습니다. 의료장갑은 말레이시아 탑 글로버가 글로벌 1위이며 우리나라에서 NB라텍스를 공급받아 생산하고 있다는 것도 확인했습니다. 그렇게 국내 NB라텍스 사업자 1위와 2위 기업이 금호석유와 LG화학이라는 것을 파악한 후 관세청에서 NB라텍스 말레이시아 수출금액 추이를 파악해 기업 실적을 추정하는 데 활용했습니다. 투자자 D 씨는 대양제지 안산 공장 화재가 발생했다는 뉴스를 접했습니다. 그러고는 곧바로 폐지 가격과 원지 가격을 파악하고 주요 골판지 기업의 생산능력과 가동률을 확인했습니다. 당시 원지-폐지 스프레드는 부진한 상황이었으나 D 씨는 앞으로 국내 골판지 원지 생산 점유율 5.5%를 차지하는 대양제지 안산공장 화재가 골판지 공급 숏티지를 가져올 수 있고, 원지 가격 강세에 영향을 줄 수 있다는 판단을 했습니다.

네 명의 투자자를 사례로 들었는데 어떤가요? 두 방식이 결코 다르지 않죠? 업종 지표의 방향이 기업 이익 방향입니다. '업종 지표 개선=

기업 이익 증가=기업 주가 반영'이라는 대전제를 확인할 수 있습니다. 업종 이야기가 결국 기업 이야기입니다.

　다만 여전히 고민은 있습니다. 개별 기업에 투자하기 위해서는 많은 노력과 시간이 요구됩니다. 지표가 개선되었음에도 불구하고 투자한 기업의 주가가 지지부진한 경우도 있으며, 개별 기업의 특수성이나 특별한 이벤트의 영향을 받는 경우도 매우 잦습니다. 개별 기업을 분석하고 투자하는 것이 쉽지 않다는 뜻이죠. 투자의 대가들이 '인내'를 많이 이야기하는 이유이기도 합니다. 그렇다면 또 다른 접근 방법으로는 무엇이 있을까요? 앞서 언급한 두 번째 투자 방식, 업종 ETF 투자가 대안이 될 수 있습니다.

## 업종 ETF 투자 방식

　먼저 ETF 개념부터 살펴보겠습니다. 펀드는 운용 방식에 따라 패시브 펀드와 액티브 펀드로 나눌 수 있습니다. 패시브 펀드는 특정 지수 (ex. 코스피200)를 추종하여, 추종하는 지수의 수익률을 목표로 운용됩니다. 액티브 펀드는 시장지수를 초과하는 수익을 얻기 위해 적극적인 운용 전략을 사용합니다. 일반적으로 패시브 펀드는 지수를 추종하므로 리서치 비용이나 매매 비용 그리고 변동성이 상대적으로 적은 편입니다. ETF는 패시브 펀드의 한 종류로 추종하는 지수에 따라 다양한 종류가 상장·거래되고 있습니다. ETF가 추종하는 지수로는 국내 주가지

수, 해외 주가지수, 업종, 테마, 원자재, 통화, 채권 등이 있습니다. 우리가 관심 가질 부분은 업종 ETF입니다.

업종 ETF는 특정 업종에 속한 기업 주식으로 지수를 만들고 이 지수를 추종하여 운용하는 ETF입니다. 따라서 우리가 지표 분석을 통해 특정 업종의 업황이 개선될 것이라고 판단한 경우 업종 ETF를 찾아 투자할 수 있다는 것이죠.

업종 ETF를 찾는 방법은 간단합니다. 한국거래소에 가면 상장 업종 ETF를 확인할 수 있습니다. 한국거래소에서 ETF 목록 전체를 엑셀로 다운로드할 수 있습니다.

[그림 9-1] 상장 업종 ETF(출처: 한국거래소)

현명한 지표 투자

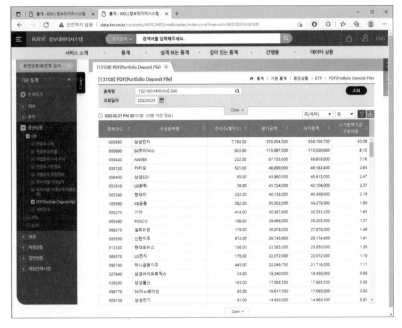

[그림 9-2] ETF 구성 기업 내역(출처: 한국거래소)

특정 업종 ETF를 선택하여 투자한다면 반드시 해당 ETF를 구성하는 기업들의 목록을 확인해야 합니다. ETF 구성 기업은 PDF(Portfolio Deposit File, 자산구성내역)에 정리되어 있는데요. 여기에 해당 ETF가 어떤 기업들로 구성되어 있는지는 물론이고 각 기업의 시가총액 구성 비중까지 알려 줍니다.

업종 ETF 투자에 앞서 ETF의 유동성이 충분한지, ETF가 추종하는 지수를 잘 반영하는지, 자산 규모가 일정 수준 이상인지, 위험성이 낮은 ETF인지도 확인해야 합니다.

이와 같이 지표를 통해 업황개선 업종을 확인하고 업종 ETF를 통해 실제 투자를 진행할 수 있습니다. 이 방법은 노력과 시간의 정도가 개별 기업을 분석하는 것보다 적게 든다는 장점이 있습니다. 무엇보다 개별 기업의 특수한 상황 또는 이벤트에 휘둘리지 않는다는 점도 무시할 수는 없는 장점입니다. 다만 실제 시장에서 거래되는 업종 ETF는 기업의 범위가 너무 넓습니다. 그렇기에 지표 개선의 효과를 정확하게 반영하기 어렵다는 단점도 있습니다.

반도체 소재 기업에 투자하고 싶다고 가정해 보겠습니다. 하지만 상장된 반도체 ETF를 보면 반도체 업종 전체를 포함하고 있습니다. 메모리, 반도체 장비, 반도체 소재, 시스템반도체 기업이 모두 포함되어 있는 것이죠. 이처럼 업종 ETF가 업종 전체를 포괄적으로 구성한다면 지표가 손에 쥐어 주는 예리한 칼을 사용하기 어렵습니다.

그렇다면 여기서 한걸음 더 나아갈 필요가 있습니다. 두루뭉술한 업종을 구체적인 섹터로 구분하여 ETF를 만들고 지표라는 예리한 칼을 들이대 볼 수 있습니다.


## 섹터 ETF 투자 방식

섹터 ETF를 구성하는 방식과 실제 투자에 활용하는 방식은 다양합니다. 한 예로 지표상회에서 제공하는 '데이터 서비스'는 섹터 ETF를 적용한 대표적인 사례입니다. 앞서 설명한 섹터 주요 지표를 실제 적용한 것이죠. 어떤 방식으로 섹터 ETF를 정의하고 업황 판단을 제공하고 있는지 구체적으로 설명해 보겠습니다.

먼저 섹터 ETF를 만들기 위해 섹터를 정의할 필요가 있습니다. 지표 상회에서는 2022년 6월 기준, 19개 업종을 69개 섹터로 구분하고 있습니다. 건설 업종은 대형 건설, 주택, 토목, 시멘트, 레미콘, 가구 인테리어, 건자재 등으로, 철강 업종은 열연, 철근, 강관, 컬러 강판, 선재 등으로 각각 구분하고 있습니다. 섹터를 구분하는 이유는 지표를 통해 섹터 업황을 보다 구체적이고 실질적으로 판단하기 위함입니다. 이로써 투자 성과를 높이고자 하는 것이죠.

그런데 한 가지 염두에 둘 점이 있습니다. 지표 방향이 항상 명확하게 한 방향만을 보여 주지 않는다는 점입니다. 한 섹터 내에 있다 해도 어떤 지표는 상승하고 어떤 지표는 하락할 때가 있으며, 상황에 따라 긍정적으로 해석되기도 하고 부정적으로 해석되기도 합니다. 또한 지표가 중요하고 어떤 의미인지 알고는 있지만 매번 지표를 보고 직접 판단하는 것은 만만치 않은 일입니다. 무엇보다 주관이 개입되는 순간 확증 편향이 반영되어 나에게 유리한 방향으로 해석하고 싶어 합니다. 지표를 통한 객관화를 지향하지만 주관적 심리에 굴복하고 편향적인 결론을 내리곤 합니다.

그래서 객관적이고 구조화된 접근 방법론이 필요합니다. 이러한 고민 끝에 도입한 개념이 '지표지수'와 '주가지수'입니다. 섹터 주요 지표를 지수화한 것이 '지표지수'이며, 섹터 구성 기업의 시가총액을 지수화한 것이 '주가지수'입니다.

개별 기업을 떠올려 보겠습니다. 지표를 통해 개별 기업의 실적 방향을 확인하면 현재 주가가 싼지 비싼지를 알 수 있죠. 섹터 역시 동일한 접근이 가능합니다. 섹터 지표와 섹터 주가를 통해 객관적으로 업황을 판단할 수 있습니다.

조금 더 풀어서 설명해 보겠습니다. POSCO와 현대제철이 포함되어 있는 열연 섹터에 관심이 있다고 가정해 보겠습니다. 앞서 철강 업종 지표를 떠올려 보세요. 주요 지표들은 '열연-철광석', '중국 열연 가격', '철광석 가격', '유연탄 가격' 지표입니다. 이 주요 지표들을 결합해서 하나의 지수를 만들 수 있습니다. 열연 섹터의 '지표지수'가 되는 것인데요, 이 지표지수를 통해 열연 섹터의 방향과 추이를 확인할 수 있습니다.

'주가지수'는 섹터의 주가 방향입니다. 열연 섹터를 구성하는 POSCO와 현대제철 등의 시가총액 합을 구하여 주가지수의 기준 시가총액과 비교해 지수를 만들 수 있습니다.

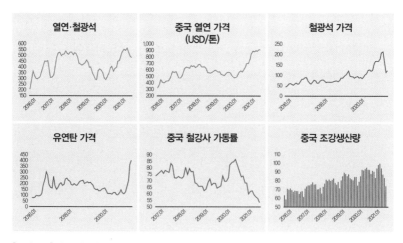

[그림 9-3] 열연 섹터의 주요 지표

'지표지수'와 '주가지수'를 만들어 낸 이유는 섹터에 포함된 지표들과 섹터 내 여러 기업 간의 관계를 단순화시켜 보다 근본적이고 본질적인 것에 집중하려는 것인데요. 이 책의 대전제인 '업종 지표의 방향이 기업 이익의 방향이다'를 충실히 따르는 접근이라고 할 수 있습니다. '지표지수-주가지수' 조합의 유용성은 '지표-실적-주가'의 연계성을 확인하는 단계를 지나 매매 전략 개발로 응용할 수 있습니다. 다양한 방식으로 이들 지수에 대한 기술적 분석이나 통계적 방법론을 적용해 매매 전략을 세울 수 있습니다.

지표상회에서는 섹터별 '지표지수-주가지수' 비교 분석을 통해 섹터 업황을 판단할 수 있는 다양한 시뮬레이션을 진행했습니다. 여기서 업황을 판단한다는 것은 해당 섹터를 매수하거나 매도한다는 의견 제시를 의미합니다. 만약 매수 의견이 제시되었다면 섹터 구성 기업 중 지표지수와 상관관계가 높은 기업에 투자하는 전략입니다. 현재 지표상회에서는 섹터별 길잡이 차트를 제공하고 있습니다. 길잡이 차트에는 앞서 설명한 지표지수, 주가지수, 업황 판단이 모두 포함되어 있습니다.

[그림 9-4]는 종합화장품 섹터 사례입니다. 빨간색 선(①)은 해당 섹터 지표지수 방향이고 파란색 선(②)은 지표지수 2년 평균입니다. 회색 음영(③)은 지표지수 2년 밴드입니다. 하늘색 박스는 관심 시기(④)이고, 흰색 박스는 관망 시기(⑤)로 실제 업황 판단을 나타냅니다. 업황 판단 시 지표지수와 주가지수 비교 분석의 최적화 결과가 같이 반영되어 있습니다.

지금까지 섹터 ETF를 소개하며 지표상회를 하나의 사례로 보여 드

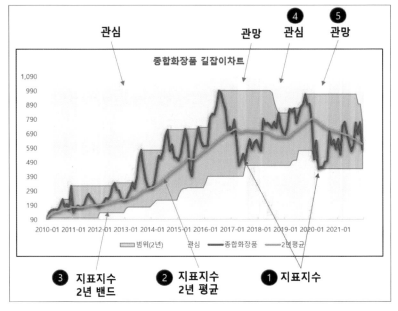

[그림 9-4] 종합화장품 길잡이 차트

렸습니다. 투자자는 다양한 방식으로 자신에게 맞는 맞춤형 ETF를 만들 수 있습니다. 섹터를 정의하고, 섹터 주요 지표를 지수화하고, 섹터 구성 기업의 시총을 지수화해서 매매 전략으로 활용할 수 있습니다. 물론 이 작업 역시 많은 준비와 수고가 필요합니다만, 구조화된 투자 방법론을 고민하는 투자자 입장에게는 유용할 수 있습니다.

# 10장

# 업황개선 투자
# 실전 전략

# 지표 개선을 하나의 퀀트 팩터로 이용하여 투자하기

다수의 투자자는 많은 노력과 시간을 투입하지 않고 꾸준한 투자 성과를 얻고 싶어 합니다. 사실 불가능한 바람은 아닙니다. 퀀트 투자가 훌륭한 대안이 될 수 있기 때문입니다.

퀀트 투자(계량 투자)는 '숫자', '통계' 등 계량화할 수 있는 근거에 기반하여 투자 결정을 내리는 방식입니다. 근거가 되는 것은 주로 재무 정보와 가격 등 숫자이며, 이를 바탕으로 매매 기준을 생성해 냅니다. 퀀트 투자는 계량화할 수 있는 숫자를 통해서만 판단을 내리기 때문에 우리 두뇌가 가지고 있는 여러 가지 심리적인 편향성을 극복하게 해 주고, 감정의 출렁임에 따라 오판할 수 있는 여지를 줄여 줍니다. 또한 판단의 근거가 명확합니다. 명확한 근거를 기반으로 전략을 수정하거나 보완할 수 있습니다. 백테스트를 통해 나에게 맞는 전략을 선정할 수도 있습니다. 더불어 실제 운용 시간의 소모도 적습니다.

하지만 퀀트 투자 역시 단점을 갖고 있습니다. 일단 심심합니다. 투자 아이디어와 스토리가 주는 울림과 짜릿함이 없습니다. 그래서 감정 없는 매매가 지속된다고 느낄 수 있습니다. 앞서 장점으로 언급했으나 백테스트를 통해 선정한 전략이 과거에는 잘 동작했지만 미래에도 잘 동작한다는 보장이 없습니다. 무엇보다 나에게 맞는 전략을 찾기 위한 시간과 노력도 무시할 수 없습니다.

퀀트 투자에서 팩터(Factor)란 시장 대비 초과 수익을 줄 것이라고 판단되는 변수 또는 인자를 말합니다. 일반적으로 팩터는 재무 요소, 가치 요소뿐만 아니라 기술적 요소, 가격 요소 등 여러 요소를 혼합한 것을 말합니다. 팩터는 성격에 따라 다음과 같이 다양하게 분류할 수 있습니다.

- '밸류 팩터'는 내재 가치 대비 낮은 가격의 주식을 선택했을 때 수익률이 높은 것에서 비롯된 인자입니다.
- '퀄리티 팩터'는 훌륭한 주식을 선택했을 때 수익률이 높은 것에서 비롯된 인자입니다. '훌륭한 주식'은 다양하게 해석될 여지가 있는데요. 주로 수익성이나 성장성으로 정의됩니다.
- '모멘텀 팩터'는 주가 혹은 이익이 상승 추세가 있는 주식이 수익률이 높다는 것에서 비롯된 인자입니다.
- 그 외에 '저위험 팩터', '고배당 팩터', '소형주 팩터' 등 다양한 팩터가 있으며, 현재도 많은 팩터 조합이 시도되고 있습니다.

퀀트 투자를 할 때 앞서와 같이 다양한 팩터 중 하나의 팩터만을 골라 투자에 이용할 수도 있고, 하나 이상의 팩터를 이용할 수도 있습니다. 여러 팩터를 조합해 활용하는 방법을 '멀티 팩터'라고 합니다. 멀티 팩터를 사용하면 단일 팩터를 사용할 때보다 전략을 다양하게 개발해 낼 수 있고 보다 나은 성과를 만들 수도 있습니다.

멀티 팩터를 만들 때 흔하게 이용되는 방법은 두 가지입니다. 첫째는 '통합 방식의 접근'입니다. 사용하려는 개별 팩터별 순위를 모두 합산하고, 합산된 순위 점수를 통해 투자 대상 기업을 선택하는 방법입니다. 당연히 각 팩터에서 높은 순위에 있는(팩터에 강점이 있는) 기업이 뽑힐 확률이 커지며, 각 팩터 순위별 교집합 영역에 속한 기업들이 뽑히게 됩니다.

두 번째 방법은 '필터링 혹은 스크리닝 방식의 접근'입니다. 하나의 팩터를 적용하여 팩터 기준에 맞지 않거나 하위 몇 %에 해당하는 기업을 대상군에서 먼저 제외하는 방법입니다. 여러 팩터를 순차적으로 적용하는 과정을 거치면서 상위 순위의 기업들이 남게 됩니다.

그럼 퀀트 투자에 지표를 어떻게 활용할 수 있을까요? 퀀트 투자에 활용하는 다양한 팩터 가운데 장점만 있는 팩터는 없습니다. 누구나 갈망하지만 '언제나' 혹은 '어느 시장'에서나 항상 승리하는 팩터는 없다는 것이죠. 각각의 팩터는 고유의 장단점이 있기 때문에 그로부터 출발한 전략으로 수익이 날 때도 있지만 손실이 생기는 경우도 있습니다. 그래서 퀀트 투자에서 선택할 수 있는 팩터는 많을수록 좋습니다. 가용 가능한 팩터가 많다는 것은 새로운 조합(투자 전략)을 만들어 낼 수 있는 경우의 수가 많아진다는 뜻입니다. 이는 자신에게 맞는 투자 전략을 찾을 확률을 높입니다. 따라서 '업황이 개선되고 있다'라는 사실을 계량적으로 판단할 수 있다면 이 역시 중요한 퀀트 팩터로 활용할 수 있습니다.

앞으로 '업황이 개선되고 있다'라는 계량화된 판단을 '지표 팩터'라고 정의하겠습니다. 또한 길잡이 차트의 업황 판단으로 '관심' 혹은 '역발상'이 제시되어 '매수'할 만하다고 판단된 섹터 기업을 지금부터 '지표 팩터에 의해 선정되었다'라고 정의하겠습니다.

'지표 팩터'를 단독으로 사용한다는 것은 '개별 기업에 직접 투자'하거나 앞서 소개한 '섹터 ETF를 만들어 투자'하는 방법에 가깝습니다. 그래서 이번 장에서는 '지표 팩터'만을 단독으로 사용하기보다는 다른 퀀트 팩터를 조합하고자 합니다. 팩터를 조합하는 방법으로는 '필터링 방식'을 적용하겠습니다. 즉 지표 팩터를 이용하여 1차로 '지표 개선 섹터의 기업'을 선택하고, 이 기업들에 대해 다양한 퀀트 팩터를 적용하여 수익률 시뮬레이션을 진행하겠습니다.

앞서 설명한 지표들을 확인해 보면 투자에 적용할 수 있는 섹터의 기업군은 전체 상장 기업의 절반 수준입니다. 지표를 통해 접근 가능한 이 기업군을 '지표유니버스'라고 정의하겠습니다. 따라서 앞으로 '지표유니버스'라고 언급되는 경우는 특별히 다른 언급이 없는 한 코스피 시장과 코스닥 시장에서 지표를 투자에 적용할 수 있는 섹터의 모든 기업으로 구성된 기업군을 가리킵니다.

다음과 같은 목적으로 시뮬레이션을 진행해 보겠습니다.

- '지표유니버스'를 기준으로 기존 퀀트 팩터들이 동작하는지를 확인해 보겠습니다.

- 지표 팩터가 하나의 퀀트 팩터로서 의미 있는 알파(초과 수익)를 줄 수 있는지를 검증해 보겠습니다. 기존 퀀트 팩터만 적용한 포트폴리오와 지표 팩터를 함께 적용한 포트폴리오 수익률을 비교하는 방식으로 검증하겠습니다.

본격적으로 지표 팩터를 활용한 투자를 검증하기에 앞서 한 가지 짚고 넘어가야 합니다. 퀀트 방법론 소개가 이 책의 주된 목적이라면 수익률 최적화를 하기 위한 다양한 퀀트 전략에 대해 집중해서 이야기할 것입니다. 그러나 지금은 지표 개선이라는 지표 팩터가 퀀트 요소로서 유효한지를 검증하고 확인하는 것에 주된 목적이 있습니다. 따라서 기존에 알려진 다양한 퀀트 팩터에 대한 검증은 다음 책들을 참고하기 바랍니다.

- 김병규, 이현열, 『SMART BETA』, 워터베어프레스, 2018.

- 강환국, 『하면 된다! 퀀트 투자』, 에프엔미디어, 2021.

- 제임스 오쇼너시, 『월가의 퀀트 투자 바이블』, 에프엔미디어, 2021.

- 신진오, 『Value Timer의 전략적 가치투자』, 이콘, 2009.

기존 퀀트 팩트 소개와 검증 그리고 최적화는 이 책들에게 역할을 넘기겠습니다. 덧붙여 지표 팩터와 최고의 궁합을 가지는 퀀트 팩터의 조합 역시 미래의 몫으로 남겨 두겠습니다.

# 수익률 시뮬레이션

## ■ 기준 및 사용법

이제 본격적으로 지표 팩터를 활용한 시뮬레이션을 진행하겠습니다. 시뮬레이션 기간은 2015년 1월 2일부터 2021년 12월 30일까지로 설정했습니다. 퀀트 투자 시뮬레이션 기간은 길수록 좋은데, 그 이유는 퀀트의 여러 변수에 대한 견고함을 확인할 수 있기 때문입니다. 이 책의 시뮬레이션에서는 지표 관련 데이터들을 원활히 이용할 수 있고, 확보 가능한 유니버스 기업의 수가 일정 수준 이상이어서 시뮬레이션을 적용하기에 무리 없는 기간을 선정했습니다.

앞서 지표를 통해 접근 가능한 기업 전체를 '지표유니버스'라고 정의한다고 했습니다. 그에 따라 '지표유니버스'를 구성하는 기업을 코스피나 코스닥과 같이 시가총액을 가중하여 지수화한 것을 '지표유니버스

[그림 10-1] 지표유니버스 지수, 코스피 지수, 코스닥 지수

지수'라고 이름 붙이겠습니다. '지표유니버스 지수'는 2015년 1월 2일 종가의 시가총액을 기준으로 삼고, 그때의 지수를 100.0으로 하겠습니다. 동일한 비교를 위해 코스피와 코스닥도 2015년 1월 2일의 종가를 100.0으로 환산했습니다. 2015년 1월 2일을 기준지수 100.0으로 했을 때 지표유니버스 지수, 코스피 지수, 코스닥 지수는 다음과 같습니다.

이 기간 동안 세 지수의 성과는 다음과 같습니다.

|  | 코스피 | 코스닥 | 지표유니버스 |
|---|---|---|---|
| 누적수익률 | 55.4% | 90.4% | 82.6% |
| 연평균수익률(산술평균) | 7.9% | 12.9% | 11.8% |
| 연평균수익률(기하평균) | 6.4% | 9.4% | 9.0% |

약간의 성과 차이는 있지만, 세 지수 모두 비슷한 성적을 보여 줬습니다. '지표유니버스 지수'는 코스피 지수보다는 코스닥 지수 성과에 가까운 모습입니다.

다음은 포트폴리오 시뮬레이션에 사용한 방법론입니다.

- 기간: 시뮬레이션의 시작은 2015년 1월 2일이며, 시뮬레이션의 최종 평가일은 2021년 12월 30일입니다.

- 유니버스: '지표유니버스'에 포함된 기업 전체를 가리키며 약 880개 기업입니다.

- 주가: 유/무상 증자, 액면 분할 등의 이벤트를 반영한 수정 주가를 사용했습니다.

- 비용: 매매에 따른 수수료는 0.315%를 적용했으며, 배당 및 현금 보유에 대한 이자는 고려하지 않았습니다.

- 리밸런싱 주기: 매월 첫 번째 영업일에 리밸런싱을 진행합니다. 매월 마지막 영업일의 종가로 해당 월의 최종 평가액을 결정하고, 매월 첫 번째 영업일의 종가로 해당 월의 포트폴리오를 매매하는 것을 원칙으로 했습니다.
- 기업 선정: 해당 포트폴리오 상위 25개 기업을 포트폴리오 구성 기업으로 선정했습니다.
- 포트폴리오 비중: 포트폴리오의 평가액을 25개 기업으로 균등하게 배분하여 투자했습니다.

시뮬레이션 방법에서 한 가지 아쉬운 점은 유니버스에는 해당 기간의 상장폐지 기업이 포함되지 않아 생존 편향에 노출되어 있다는 점입니다. 그럼에도 시뮬레이션을 통해 검증하고자 하는 접근은 유효하다고 판단합니다.

다음은 포트폴리오 시뮬레이션 결과 수치를 보여 주는 개념에 대한 설명입니다.

- 누적수익률: 시뮬레이션 기간 동안 해당 시뮬레이션에 의한 누적된 수익률입니다.
- 연복리수익률(CAGR, Compound Annual Growth Rate): 해당 기간의 수익률을 기하평균으로 환산했을 때의 기하평균 연환산수익률을 의미합니다.
- MDD(Maximum Draw Down): 최대 낙폭률, 해당 기간 전고점에 대해 최대 낙폭을 의미합니다.
- 1억 투자 시: 최초 시뮬레이션 시작 시 1억을 투자했다고 가정했을 경우 최종 평가액을 의미합니다.

다음은 포트폴리오 시뮬레이션의 결과를 보여 주는 그래프 표기에 대한 설명입니다.

- 지표유니버스에 지표 팩터를 적용하여 생성된 유니버스를 '지표 개선 유니버스'라고 부르겠습니다.

- 수익률 그래프 범례에서 '퀀트 팩터'만 표기된 것은 지표유니버스에 해당 퀀트 팩터를 적용한 포트폴리오라는 의미입니다. 예를 들어 그래프 범례가 '저PBR'로 표기되어 있다면 '지표유니버스에 저PBR을 적용한 포트폴리오'라는 의미입니다.

- 수익률 그래프 범례에서 '지표 개선/퀀트 팩터'로 표기된 것은 지표 개선 유니버스를 기준으로 해당 퀀트 팩터를 적용한 포트폴리오라는 의미입니다. 예를 들어 그래프 범례가 '지표 개선/저PBR'로 표기되어 있다면 '지표 개선 유니버스에 저PBR 조건을 적용한 포트폴리오'라는 의미입니다.

시뮬레이션에 사용되는 포트폴리오 수익률 결과를 이야기할 때 다음과 같은 표기를 사용합니다.

- 기준 지수: 지표유니버스 지수

- 기준 포트: 지표유니버스 기준으로 해당 퀀트 조건을 적용한 후 매달 상위 25개 기업을 선택하여 시뮬레이션을 진행한 포트폴리오

- 비교 포트: 지표 개선 유니버스 기준으로 해당 퀀트 조건을 적용한 후 매달 상위 25개 기업을 선택하여 시뮬레이션을 진행한 포트폴리오

### ■ 밸류 팩터 조합

퀀트의 밸류 팩터는 '내재 가치' 대비 '낮은 가격'의 주식을 선택했을 때 높은 수익률을 얻을 수 있다는 것에서 나온 퀀트 요소입니다. 여기에서 '낮은 가격'의 기준으로는 기업의 주가 혹은 시가총액이 사용됩니다. '내재 가치'로는 여러 가지 재무제표 인자가 사용될 수 있는데 자본

총계, 당기순이익, 매출액 등이 주로 그 예가 됩니다.

### 지표 팩터+저PBR

밸류 팩터 중의 하나인 'PBR'과 지표 팩터가 결합했을 때 결과를 보겠습니다.

많은 퀀트 관련 연구와 서적을 통해 시장에서 PBR(주가순자산비율, Price Book Value Ratio)이 낮은 주식을 사는 것이 PBR이 높은 주식을 사는 것보다 높은 수익을 안겨 주는 것으로 알려져 있습니다. 물론 저 PBR주를 선택하는 것이 어느 시기 혹은 어떤 기간에나 늘 이길 수 있는 전략이라고 말할 수는 없습니다. 하지만 일반적인 경우 PBR이 낮은 주식 그룹을 선택하는 것은 PBR이 높은 주식 그룹을 선택하는 경우보다 알파를 얻을 확률이 큽니다. '지표유니버스'에 대해서도 '저PBR'에 대한 일반적인 이야기가 맞을지 확인해 보았습니다.

[비교 포트폴리오]

- 기준 지수: 지표유니버스 지수

- 기준 포트: 지표유니버스 기준, 매월 가장 '저PBR'인 기업 25개를 선택하는 포트폴리오. 그래프 범례에는 '저PBR'로 표기

기준 지수(지표유니버스 지수) 자체와 기준 포트(지표유니버스 기준 매월 가장 '저PBR'인 기업 25개를 선택하는 포트폴리오)를 비교해 보면, '저PBR'을 적용했을 때가 지표유니버스 지수 자체보다 훨씬 나은 수익률을 보인

[그림 10-2] 지표유니버스 지수 vs. 저PBR

다는 것을 알 수 있습니다. 이를 통해 'PBR'이 높은 주식보다는 'PBR'이 낮은 주식을 선택하는 방법이 지표유니버스에도 적용 가능하다는 것을 확인할 수 있습니다.

다음으로 두 가지 포트폴리오의 수익률을 비교해 보겠습니다.

- 기준 포트: '지표유니버스' 기준, 매월 가장 '저PBR'인 기업 25개를 선택하여 매매하는 포트폴리오. 그래프 범례에는 '저PBR'로 표기
- 비교 포트: '지표 개선 유니버스' 기준, 매월 가장 '저PBR'인 기업 25개를 선택하는 포트폴리오. 그래프 범례에는 '지표 개선/저PBR'로 표기

이걸 기반으로 시뮬레이션 결과를 살펴보면 [그림 10-3]과 같습니다. 지표 개선 유니버스에 '저PBR' 조건을 적용하면 앞선 두 결과보다 월등함을 확인할 수 있습니다.

[그림 10-3] 저PBR vs. 지표 개선/저PBR

다음 결과표를 보면 '비교 포트'의 연복리수익률(CAGR)값이 24.6%
에 이릅니다. 이는 상대적으로 '지표 팩터'를 사용한 포트가 월등한 결
과를 보일 뿐만 아니라, 절대적으로도 유용한 접근이라는 것을 확인할
수 있습니다.

| | 저PBR | 지표 개선/저PBR |
|---|---|---|
| 누적수익률 | 166.0% | 365.5% |
| 연복리수익률(CAGR) | 15.0% | 24.6% |
| MDD | −21.5% | −20.6% |
| 1억 투자 시 평가액 | 265,976,379 | 465,520,155 |

### 지표 팩터+저PER

다음으로 밸류 팩터 중 하나인 PER과 지표 팩터 결합 시 결과를 보
겠습니다.

주식의 PER(주가수익비율, Price Earning Ratio)은 주가를 주당순이익으로 나눈 값입니다. PER은 다른 주식 대비 주가가 싼지 비싼지를 알고자 할 때 가장 많이 사용되는 기준 가운데 하나입니다. PER이 낮은 주식을 산다는 것은 주식을 저렴하게 사는 것이라고 볼 수 있습니다. 한편 높은 PER 주식을 사는 투자자는 현재보다는 미래 성장에 거는 기대가 크기에 비싼 가격을 기꺼이 지불하는 것이라고 할 수 있습니다. 다만 퀀트 투자에 있어서는 PER이 낮은 그룹의 기업을 선택하면, PER이 높은 그룹의 기업을 선택했을 때보다 추가적인 수익을 얻을 수 있다고 알려져 있습니다.

저PER에 대한 일반적인 이야기가 '지표유니버스'에 대해서도 적용되는지 확인해 보겠습니다.

[비교 포트폴리오]

- 기준 지수: 지표유니버스 지수

- 기준 포트: 지표유니버스 기준, 매월 가장 '저PER'인 기업 25개를 선택하는 포트폴리오. 그래프 범례에는 '저PER'로 표기

기준 지수(지표유니버스 지수)와 기준 포트(지표유니버스 기준 매월 25개의 '저PER' 기업을 선택하는 포트폴리오)를 비교해 보면 '저PER' 조건을 적용했을 때 특별한 이점이 보이지 않습니다. 기간을 좀 더 길게 적용할 경우 다른 결과를 얻을 수도 있겠지만, 기준으로 삼은 시뮬레이션 기간 동안에는 큰 영향이 없다는 걸 확인했습니다.

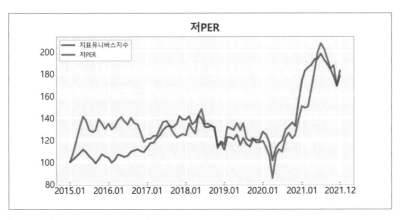

[그림 10-4] 지표유니버스 지수 vs. 저PER

이제 두 가지 포트폴리오의 수익률을 비교해 보겠습니다.

- 기준 포트: '지표유니버스' 기준, 매월 가장 '저PER'인 기업 25개를 선택하여 매매하는 포트폴리오. 그래프 범례에는 '저PER'로 표기
- 비교 포트: '지표 개선 유니버스' 기준, 매월 가장 '저PER'인 기업 25개를 선택하는 포트폴리오. 그래프 범례에는 '지표 개선/저PER'로 표기

앞에서 지표유니버스 기준으로 수익률 결과를 비교했을 때 '저PER' 조건 추가는 수익률에 별 영향을 주지 않았습니다. 하지만 지표 개선 유니버스 기준으로 '저PER' 조건을 적용하면 앞서보다 훨씬 나은 결과를 보여 준다는 걸 확인할 수 있습니다[그림 10-5].

**[그림 10-5] 저PER vs. 지표 개선/저PER**

|  | 저PER | 지표 개선/저PER |
|---|---|---|
| 누적수익률 | 77.8% | 154.0% |
| 연복리수익률(CAGR) | 8.6% | 14.2% |
| MDD | −19.2% | −19.4% |
| 1억 투자 시 평가액 | 177,728,308 | 254,035,465 |

### 지표 팩터+(저PBR+저PER)

다음은 밸류 팩터로 'PBR'과 'PER'을 동시에 선택할 시 결과에 대해 살펴보겠습니다.

앞에서 여러 퀀트 팩터를 복합적으로 적용하는 방법으로 '통합'하는 접근 방법과 '필터링'하는 접근 방법이 있다고 설명했습니다. 여기서는 '지표 팩터'에 대해서는 필터링 접근 방법을, '저PBR', '저PER'에 대해서는 통합 접근 방법을 사용하겠습니다. 따라서 '저PBR+저PER' 조건의 순위는 다음과 같이 구할 수 있습니다.

① 지표유니버스 기업을 PBR이 낮은 순에서 높은 순으로 배열하고 차례로 순위를 매깁니다.

② 지표유니버스 기업을 PER이 낮은 순에서 높은 순으로 배열하고 차례로 순위를 매깁니다.

③ 두 조건의 순위를 합산하여 최종 순위를 결정하고, 순위를 숫자가 낮은 순에서 높은 순으로 배열합니다.

일반적으로 퀀트 투자에 있어서 '저PBR' 조건과 '저PER' 조건을 동시에 만족하는 그룹을 선택하는 것이 그렇지 않은 경우보다 나은 수익을 얻을 수 있다고 알려져 있습니다. '지표유니버스'에 대해서도 이 이야기가 해당할지 확인해 보았습니다.

[비교 포트폴리오]

- 기준 지수: 지표유니버스 지수

- 기준 포트: 지표유니버스 기준, 매월 가장 '저PBR+저PER'인 기업 25개를 선택하는 포트폴리오. 그래프 범례에는 '저PBR+저PER'로 표기

기준 지수(지표유니버스 지수)와 기준 포트(지표유니버스 기준 매월 가장 '저PBR+저PER' 순위가 높은 기업 25개를 선택하는 포트폴리오)를 비교해 보면, '저PBR+저PER' 조건을 적용했을 때 더 나은 결과를 보인다는 것을 알 수 있습니다.

이제 두 포트폴리오의 수익률을 비교해 보겠습니다.

저PBR+저PER

[그림 10-6] 지표유니버스 지수 vs. 저PBR+저PER

- 기준 포트: '지표유니버스' 기준, 매월 '저PBR+저PER' 순위가 상위인 기업 25개를 선택하여 매매하는 포트폴리오. 그래프 범례에는 '저PBR+저PER'로 표기

- 비교 포트: '지표 개선 유니버스' 기준, 매월 '저PBR+저PER' 순위가 상위인 기업 25개를 선택하는 포트폴리오. 그래프 범례에는 '지표 개선/저PBR+저PER'로 표기

[그림 10-7]의 시뮬레이션 결과 그래프를 살펴보면, 지표 개선 유니버스에 '저PBR+저PER' 조건을 적용하면 앞선 두 포트보다 수익률이 높습니다. 즉 '저PBR+저PER' 조건을 단독으로 적용하지 않고 지표 팩터와 같이 적용하면 높은 수익률을 얻을 수 있습니다.

| | 저PBR+저PER | 지표 개선/저PBR+저PER |
|---|---|---|
| 누적수익률 | 129.1% | 190.2% |
| 연복리수익률(CAGR) | 12.6% | 16.4% |
| MDD | −17.0% | −18.5% |
| 1억 투자 시 평가액 | 229,133,621 | 290,244,103 |

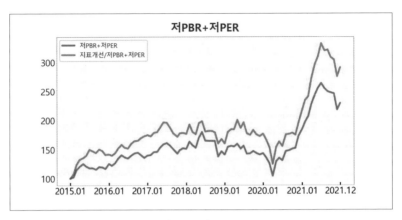

[그림 10-7] 저PBR+저PER vs. 지표 개선/저PBR+저PER

### 지표 팩터+(저PBR+저PER+저PSR)

밸류 팩터 중 앞서 살펴본 PBR, PER 외에 PSR, PCR 등도 퀀트 팩터로 많이 사용됩니다. 이번에는 지표 팩터와 '저PBR+저PER+저PSR' 결합 시 수익률 결과를 살펴보겠습니다.

PSR(Price to Sales Ratio)은 주식의 주가를 주당매출액으로 나눈 값입니다. PSR은 PER과 비슷한 접근이지만 기업의 주당순이익 대신 주당매출액을 사용합니다. 퀀트 투자에서 PER이 낮은 기업을 선호하는 것처럼, PSR의 경우도 일반적으로 PSR이 낮은 기업이 PSR이 높은 기업보다 더 높은 수익을 줄 것이라고 예상합니다.

앞서 '저PBR+저PER' 케이스의 접근 방법과 마찬가지로 '지표 팩터'는 필터링 접근 방법을, '저PBR, 저PER, 저PSR'에 대해서는 통합 접근 방법을 사용하겠습니다. 구하고자 하는 팩터는 저PBR, 저PER, 저PSR의 조건이 통합된 것입니다. 이 조건을 '저밸류1'이라고 이름 붙이겠습니다. '저밸류1'의 순위는 다음과 같이 구할 수 있습니다.

① 지표유니버스 기업을 PBR이 낮은 순에서 높은 순으로 배열하고 차례로 순위를 매깁니다.

② 지표유니버스 기업을 PER이 낮은 순에서 높은 순으로 배열하고 차례로 순위를 매깁니다.

③ 지표유니버스 기업을 PSR이 낮은 순에서 높은 순으로 배열하고 차례로 순위를 매깁니다.

④ 세 조건의 순위를 합산하여 최종 순위를 결정하고, 순위를 숫자가 낮은 순에서 높은 순으로 배열합니다.

'저밸류1'은 PBR, PER, PSR이 모두 낮은 기업을 선택하겠다는 것입니다. '지표유니버스'에 대한 '저밸류1' 접근이 기대치를 충족할지 확인해 보았습니다.

[비교 포트폴리오]

- 기준 지수: 지표유니버스 지수

- 기준 포트: 지표유니버스 기준 '저밸류1' 순위가 가장 높은 기업 25개를 선택하는 포트폴리오. 그래프 범례에는 '저밸류1(저PBR+저PER+저PSR)'으로 표기

기준 지수(지표유니버스 지수)와 기준 포트(지표유니버스 기준 '저밸류1' 팩터 순위가 상위인 매월 25개 기업을 선택하는 포트폴리오)를 적용한 결과를 비교해 보면 '저밸류1' 조건을 적용했을 때 더 나은 수익률을 보였음을 알 수 있습니다.

[그림 10-8] 지표유니버스 지수 vs. 저PBR+저PER+저PSR

다음은 두 가지 포트폴리오에 대한 수익률입니다.

- 기준 포트: '지표유니버스' 기준, 매월 '저밸류1' 순위가 상위인 기업 25개를 선택하여 매매하는 포트폴리오. 그래프 범례에는 '저밸류1(저PBR+저PER+저PSR)'으로 표기
- 비교 포트: '지표 개선 유니버스' 기준, 매월 '저밸류1' 순위가 상위인 기업 25개를 선택하는 포트폴리오. 그래프 범례에는 '지표 개선/저밸류1(저PBR+저PER+저PSR)'으로 표기

[그림 10-9]의 시뮬레이션 결과 그래프를 보면 지표 개선 유니버스에 '저밸류1(저PBR+저PER+저PSR)' 조건을 적용했을 때 앞선 두 포트보다 수익률이 훨씬 좋다는 것을 확인할 수 있습니다. 또한 아래 수익률 결과표를 보면 '비교 포트' 연복리수익률이 19.8%에 이릅니다.

[그림 10-9] 저PBR+저PER+저PSR vs. 지표 개선/저PBR+저PER+저PSR

|  | 저PBR+저PER+저PSR | 지표 개선/저PBR+저PER+저PSR |
|---|---|---|
| 누적수익률 | 164.8% | 253.4% |
| 연복리수익률(CAGR) | 14.9% | 19.8% |
| MDD | −18.9% | −18.3% |
| 1억 투자 시 평가액 | 264,810,003 | 353,422,301 |

## ■ 수익성 퀄리티 팩터 조합

투자자들이 중요시하는 투자 요소 중 하나는 기업의 우량성, 즉 퀄리티입니다. 우량성에 대한 정의는 주관적인 부분이 많아서 계수화하기 어렵다는 단점이 있습니다.

다양한 퀄리티 팩터 중 주로 관심을 끄는 부분은 수익성, 성장성, 효율성입니다. 기본적인 관점은 높은 우량성을 보이는 팩터로 순위를 매겼을 때, 높은 우량성 순위 기업들이 낮은 우량성 순위 기업들보다 높은 수익률을 줄 것이라는 기대입니다. 수익성을 대변하는 퀄리티 팩터로는 ROE, ROA, GP/A 등을 들 수 있습니다. 성장성을 대변하는 퀄리티 팩터로는 ROE 성장률, GP/A 성장률 등이 사용될 수 있습니다.

### 지표 팩터+고ROE

수익성 퀄리티 팩터 중의 하나인 ROE와 지표 팩터가 결합했을 때의 결과를 보겠습니다. 기업 ROE(자기자본수익률, Return On Equity)는 당기순이익을 자본총계로 나눈 값입니다. 즉 ROE는 기업이 자기자본을 활용해 얼마큼의 순이익을 나타내는지를 알려 주는 지표입니다. ROE가 높다는 것은 해당 기업이 자기자본을 효율적으로 사용한다는 뜻입니다. 일반적으로 ROE가 높을수록 해당 기업은 투자금을 재투자할 능력이 뛰어나다고 생각합니다.

'지표유니버스'에 대해서도 고ROE에 대한 일반적인 예상이 맞을지 확인해 보았습니다.

[비교 포트폴리오]

- 기준 지수: 지표유니버스 지수
- 기준 포트: 지표유니버스 기준, 매월 가장 '고ROE'인 기업 25개를 선택하는 포트폴리오. 그래프 범례에는 '고ROE'로 표기

기준 지수(지표유니버스 지수)와 기준 포트(지표유니버스 기준 매월 '고ROE' 조건 상위 25개 기업을 선택하는 포트폴리오)를 비교해 보면, '고ROE' 조건을 적용했을 때 특별한 이점이 보이지는 않습니다. 좀 더 기간을 길게 적

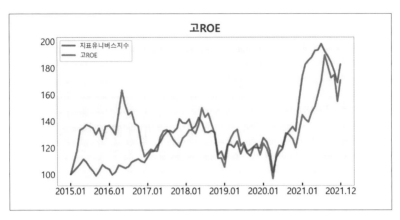

[그림 10-10] 지표유니버스 지수 vs. 고ROE

용하거나 시기에 따라서는 다른 결과를 얻을 수도 있겠지만 적어도 기준 시뮬레이션 기간에는 큰 영향이 없다는 것을 확인했습니다.

다음으로 두 가지 포트폴리오의 수익률을 비교해 보았습니다.

- 기준 포트: '지표유니버스' 기준, 매월 가장 '고ROE'인 기업 25개를 선택하여 매매하는 포트폴리오. 그래프 범례에는 '고ROE'로 표기
- 비교 포트: '지표 개선 유니버스' 기준, 매월 가장 '고ROE'인 기업 25개를 선택하는 포트폴리오. 그래프 범례에는 '지표 개선/고ROE'로 표기

[그림 10-11]의 시뮬레이션 결과를 보면 지표 개선 유니버스에 '고ROE' 조건을 적용했을 때 앞선 두 포트 대비 수익률이 높다는 것을 확인할 수 있습니다.

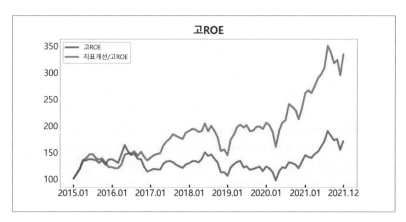

[그림 10-11] 고ROE vs. 지표 개선/고ROE

|  | 고ROE | 지표 개선/고ROE |
| --- | --- | --- |
| 누적수익률 | 70.7% | 234.4% |
| 연복리수익률(CAGR) | 7.9% | 18.8% |
| MDD | −14.1% | −14.7% |
| 1억 투자 시 평가액 | 170,713,117 | 334,415,353 |

**지표 팩터+고ROA**

이번엔 수익성 퀄리티 팩터 중 하나인 ROA와 지표 팩터 간 결합 시 결과를 살펴보겠습니다.

기업의 ROA(총자산순이익률, Return On Assets)는 당기순이익을 자산총계로 나눈 값으로, 기업 자산인 자본과 부채를 활용해 얼마큼의 순이익을 창출하는지를 알려 주는 지표입니다. ROA가 높다는 것은 자산 대비 이익이 많다는 뜻입니다. 즉 기업이 자산을 얼마나 효율적으로 운용했는지를 말해 주는 지표입니다.

'지표유니버스'에 대해서도 고ROA에 대한 일반적인 예상이 맞을지 확인해 보았습니다.

[비교 포트폴리오]

- 기준 지수: 지표유니버스 지수

- 기준 포트: 지표유니버스 기준, 매월 가장 '고ROA'인 기업 25개를 선택하는 포트폴리오. 그래프 범례에는 '고ROA'로 표기

기준 지수(지표유니버스 지수)와 기준 포트(지표유니버스 기준 매월 가장 '고ROA' 조건 상위 25개 기업을 선택하는 포트폴리오)의 적용 결과를 비교해 보면, '고ROA' 조건 적용 시 소폭으로 수익률이 개선되지만 큰 차이를 보이지는 않았습니다. 시뮬레이션 기간이나 시작 시점을 다르게 선택한다면 결과는 달라질 수 있습니다.

다음으로 두 가지 포트폴리오의 수익률을 비교해 보았습니다.

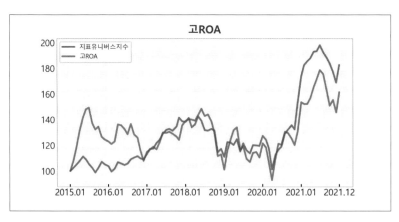

[그림 10-12] 지표유니버스 지수 vs. 고ROA

- 기준 포트: '지표유니버스' 기준, 매월 가장 '고ROA'인 기업 25개를 선택하여 매매하는 포트폴리오. 그래프 범례에는 '고ROA'로 표기

- 비교 포트: '지표 개선 유니버스' 기준, 매월 가장 '고ROA'인 기업 25개를 선택하는 포트폴리오. 그래프 범례에는 '지표 개선/고ROA'로 표기

앞서 기준 지수와 기준 포트 비교 시 '고ROA' 조건 추가는 소폭의 수익률 개선만을 가져왔습니다. 하지만 지표 개선 유니버스에 '고ROA' 조건을 적용하면 앞선 두 포트 대비 수익률이 훨씬 나아진다는 것을 [그림 10-13]을 통해 확인할 수 있습니다.

| | 고ROA | 지표 개선/고ROA |
|---|---|---|
| 누적수익률 | 61.5% | 114.9% |
| 연복리수익률(CAGR) | 7.1% | 11.5% |
| MDD | −14.0% | −15.8% |
| 1억 투자 시 평가액 | 161,492,259 | 214,915,973 |

[그림 10-13] 고ROA vs. 지표 개선/고ROA

### 지표 팩터＋고GP/A

다음으로 수익성 퀄리티 팩터인 GP/A와 지표 팩터 간 결합 시 수익률 결과를 살펴보겠습니다.

기업의 GP/A(매출총이익/총자산, Gross Profit/Asset)는 매출총이익을 총자산으로 나눈 값으로, 기업이 총자산 대비 얼마의 매출총이익을 냈는지를 보여 주는 지표입니다. 일반적으로 손익계산서 아래로 갈수록 기업의 실제 수익성과 연관성이 떨어지고 영업 외적인 요인들로 오염된다고 알려져 있습니다. GP/A는 그동안 주로 사용되던 ROE와 ROA를 대신하여 최근 각광받고 있는 팩터입니다. GP/A가 높다는 것은 해당 기업의 수익성이 훌륭하다는 뜻입니다.

'지표유니버스'에 대해서도 고GP/A에 대한 일반적인 예상이 맞을지 확인해 보았습니다.

[비교 포트폴리오]

- 기준 지수: 지표유니버스 지수
- 기준 포트: 지표유니버스 기준, 매월 가장 '고GP/A'인 기업 25개를 선택하는 포트폴리오. 그래프 범례에는 '고GP/A'로 표기

기준 지수(지표유니버스 지수) 자체와 기준 포트(지표유니버스 기준 매월 25개의 '고GP/A' 기업을 선택하는 포트폴리오)를 비교해 보면, '고GP/A' 조건 적용 시 보다 나은 수익률을 보여 준다는 것을 알 수 있습니다.

다음으로 두 가지 포트폴리오의 수익률을 비교해 보겠습니다.

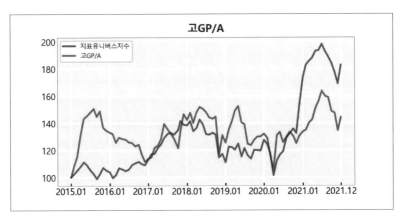

[그림 10-14] 지표유니버스 지수 vs. 고GP/A

- 기준 포트: '지표유니버스' 기준, 매월 가장 '고GP/A' 기업 25개를 선택하여 매매하는
  포트폴리오. 그래프 범례에서 '고GP/A'로 표기
- 비교 포트: '지표 개선 유니버스' 기준, 매월 가장 '고GP/A' 기업 25개를 선택하는 포
  트폴리오. 그래프 범례에서 '지표 개선/고GP/A'로 표기

[그림 10-15]의 시뮬레이션 결과 그래프를 보면, 지표 개선 유니버스
에 '고GP/A' 조건을 적용할 경우 앞선 두 포트보다 수익률이 나아진다
는 걸 확인할 수 있습니다.

|  | 고GP/A | 지표 개선/고GP/A |
| --- | --- | --- |
| 누적수익률 | 44.1% | 196.1% |
| 연복리수익률(CAGR) | 5.4% | 16.8% |
| MDD | −19.3% | −25.6% |
| 1억 투자 시 평가액 | 144,124,888 | 296,122,780 |

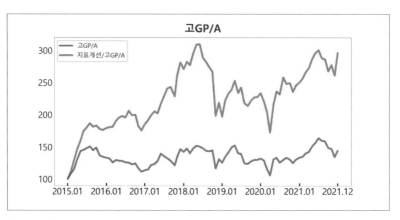

[그림 10-15] 고GP/A vs. 지표 개선/고GP/A

### ■ 모멘텀 팩터 조합

원래 모멘텀은 물질의 운동량이나 가속도를 의미하는 물리 용어이지만, 주식시장에서는 주가 추세의 가속도를 이용하여 주가 변동 상황을 설명하는 방법으로 사용됩니다. 주식시장에서의 모멘텀은 상승 추세의 주식은 지속적으로 상승하며, 하락 추세의 주식은 지속적으로 하락하는 현상을 말합니다.

모멘텀은 투자자들이 새로운 정보에 대해 처음에는 과소 반응을, 나중에는 과잉 반응을 나타내는 심리적 왜곡에 의해 발생합니다. 적정한 가격에 비해 처음에는 과소 반응으로 주가가 천천히 오르다가 어느 순간부터는 과열이 생기면서 적정하다고 생각된 가격을 훌쩍 뛰어넘는 과잉 반응을 보이는 경우입니다.

많이 알려진 모멘텀 현상으로 이익모멘텀과 가격모멘텀이 있습니다. 이익모멘텀은 기업의 실적이 발표된 이후 주가가 천천히 반영되는 것을 말합니다. 어닝서프라이즈를 발표한 기업의 주가는 한참 동안 지속적으로 상승하며, 어닝쇼크를 발표한 기업의 주가는 한참 동안 지속적으로 하락합니다. 가격모멘텀은 과거 수익률이 미래 수익률에 영향을 미치는 현상을 말합니다. 추세추종이라고도 하며, 일반적으로 과거 3~12개월 동안 수익률이 높았던 기업이 향후에도 지속적으로 상승합니다.

### 지표 팩터+이익모멘텀 YoY

모멘텀 팩터인 이익모멘텀과 지표 팩터 간 결합 시 결과를 살펴보겠습니다. 이익 지표 중 YoY값을 팩터로 선택하겠습니다. 각각 개별 이익의 YoY값을 선택할 수도 있지만, '매출액 YoY+영업이익 YoY+당기순이익 YoY'를 하나의 단일 조건으로 통합하여 알아보겠습니다. 더불어 '매출액 YoY+영업이익 YoY+당기순이익 YoY' 조건을 '이익모멘텀 YoY'라고 부르겠습니다.

매출액 YoY는 현재 시점의 연환산 매출액을 전년도 동일 시점의 연환산 매출액과 비교하여 상대적인 성장률을 나타낸 것입니다. 영업이익 YoY와 당기순이익 YoY도 각각 연환산 영업이익과 연환산 당기순이익에 대하여 전년도 동일 시점과 비교하여 성장률을 나타낸 것입니다. 매출이나 영업이익 혹은 당기순이익이 성장하면 YoY 성장률은 의미 있는 숫자로 나타날 것이며, 이는 좋은 기업을 나타내는 하나의 기준이 될 수 있습니다.

'지표유니버스'에 대해서도 이익모멘텀 YoY 팩터에 대한 기대가 맞을지 확인해 보았습니다.

[비교 포트폴리오]

- 기준 지수: 지표유니버스 지수

- 기준 포트: 지표유니버스에서 매월 '이익모멘텀 YoY'가 상위인 기업 25개를 선택하는 포트폴리오. 그래프 범례에는 '이익모멘텀 YoY'로 표기

기준 지수(지표유니버스 지수) 자체와 기준 포트(지표유니버스 기준 매월 25개의 '이익모멘텀 YoY' 기업을 선택하는 포트폴리오)를 비교해 보면, '이익모멘텀 YoY'을 적용했을 때 훨씬 나은 수익률을 보인다는 것을 알 수 있습니다.

다음으로 두 가지 포트폴리오의 수익률을 비교해 보았습니다.

- 기준 포트: '지표유니버스' 기준, 매월 '이익모멘텀 YoY'가 가장 상위인 기업 25개를 선택하여 매매하는 포트폴리오. 그래프 범례에는 '이익모멘텀 YoY'로 표기

[그림 10-16] 지표유니버스 지수 vs. 이익모멘텀 YoY

■ 비교 포트: '지표 개선 유니버스' 기준, 매월 '이익모멘텀 YoY'가 가장 상위인 기업 25
개를 선택하는 포트폴리오. 그래프 범례에는 '지표 개선/이익모멘텀 YoY'로 표기

[그림 10-17]의 시뮬레이션 결과를 보면 지표 개선 유니버스에 '이익
모멘텀 YoY' 조건을 적용했을 때 별다른 차이가 없는 것으로 보입니다.
특정한 시기나 기간을 선택하면 수익률이 달라질 수도 있겠으나 가정
한 시뮬레이션 기준으로 보면 큰 장점이 없다고 판단할 수 있습니다.

| | 이익모멘텀 YoY | 지표 개선/이익모멘텀 YoY |
|---|---|---|
| 누적수익률 | 130.5% | 131.9% |
| 연복리수익률(CAGR) | 12.7% | 12.8% |
| MDD | −17.4% | −20.5% |
| 1억 투자 시 평가액 | 230,518,428 | 231,906,126 |

[그림 10–17] 이익모멘텀 YoY vs. 지표 개선/이익모멘텀 YoY

## 지표 팩터+이익모멘텀 QoQ

앞장의 시뮬레이션에서는 모멘텀 팩터 중 이익모멘텀을, 그중에서도 매출액과 이익의 YoY값을 팩터로 선택하여 지표 팩터와 결합 시 결과에 대해 살펴보았습니다. 이번에는 같은 이익모멘텀 중 매출액과 이익의 QoQ값을 팩터로 선택하겠습니다.

각각 개별 이익의 QoQ값을 선택할 수도 있지만 '매출액 QoQ+영업이익 QoQ+당기순이익 QoQ'를 하나의 단일 조건으로 통합하여 이 팩터의 영향에 대해 알아보려고 합니다. 이제 '매출액 QoQ+영업이익 QoQ+당기순이익 QoQ' 조건은 '이익모멘텀 QoQ'로 부르겠습니다.

매출액 QoQ는 현재 시점의 매출액을 전 분기의 매출액과 비교하여 상대적인 성장률을 나타낸 것입니다. 영업이익 QoQ와 당기순이익 QoQ도 각각 영업이익과 당기순이익에 대하여 전 분기의 실적과 비교하여 성장률을 나타낸 것입니다. 매출이나 영업이익 혹은 당기순이익이 성장하면 QoQ 성장률은 의미 있는 숫자로 나타날 것이며, 이는 좋은 기업을 나타내는 하나의 기준이 될 수 있을 것입니다.

'지표유니버스'에 대해서도 이익모멘텀 QoQ 팩터에 대한 기대가 맞을지 확인해 보았습니다.

[비교 포트폴리오]

- 기준 지수: 지표유니버스 지수

- 기준 포트: 지표유니버스 기준 매월 '이익모멘텀 QoQ' 순위가 가장 상위인 기업 25개를 선택하는 포트폴리오. 그래프 범례에는 '이익모멘텀 QoQ'로 표기

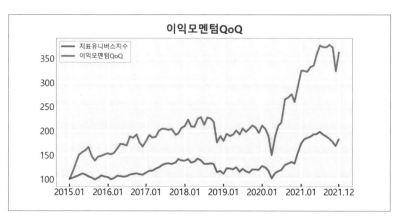

**[그림 10-18] 지표유니버스 지수 vs. 이익모멘텀 QoQ**

기준 지수(지표유니버스 지수) 자체와 기준 포트(지표유니버스 기준 매월 25개의 '이익모멘텀 QoQ' 기업을 선택하는 포트폴리오)를 비교해 보면, '이익모멘텀 QoQ' 조건을 적용했을 때 훨씬 나은 수익률을 보여 준다는 것을 알 수 있습니다.

다음으로 두 가지 포트폴리오의 수익률을 비교해 보았습니다.

- 기준 포트: '지표유니버스' 기준, 매월 '이익모멘텀 QoQ' 상위 기업 25개를 선택하여 매매하는 포트폴리오. 그래프 범례에는 '이익모멘텀 QoQ'로 표기

- 비교 포트: '지표 개선 유니버스' 기준, 매월 '이익모멘텀 QoQ' 상위 기업 25개를 선택하는 포트폴리오. 그래프 범례에는 '지표 개선/이익모멘텀 QoQ'로 표기

[그림 10-19]의 시뮬레이션 결과 그래프를 살펴보면, 지표 개선 유니버스에 '이익모멘텀 QoQ' 조건을 적용하면 앞선 두 포트보다 수익률이 더 개선된다는 것을 알 수 있습니다. '이익모멘텀 QoQ' 조건을 단독으

[그림 10-19] 이익모멘텀 QoQ vs. 지표 개선/이익모멘텀 QoQ

로 적용하지 않고 지표 팩터와 같이 적용하면 더 좋은 수익률을 얻을 수 있습니다.

결과표를 보면 '비교 포트'의 연복리수익률이 25.8%에 이르는 것을 확인할 수 있습니다. 이는 상대적으로 '지표 팩터'를 사용한 포트가 더 나은 결과를 보임은 물론이고, 단독으로 사용해도 결과가 훌륭하다는 것을 보여 줍니다.

| | 이익모멘텀 QoQ | 지표 개선/이익모멘텀 QoQ |
|---|---|---|
| 누적수익률 | 262.5% | 399.3% |
| 연복리수익률(CAGR) | 20.2% | 25.8% |
| MDD | −20.7% | −20.4% |
| 1억 투자 시 평가액 | 362,489,342 | 499,261,525 |

## ■ 멀티 팩터 조합

퀀트 투자를 할 때 팩터를 하나만 적용할 수도 있지만 그 이상의 팩터를 사용할 수도 있습니다. 하나 이상의 팩터를 사용하는 방법을 '멀티 팩터'라고 하며, 팩터끼리 어떻게 조합하느냐에 따라 다양한 전략을 구사할 수 있습니다. 예를 들어 '저PBR' 조건과 '저PER' 조건을 각각 단독으로 사용할 수도 있지만 '저PBR+저PER'을 하나의 조건으로 삼을 수도 있습니다. 앞서 계속 비교해 온 '지표유니버스에 지표 팩터를 적용하여 필터링을 진행하는 것' 또한 멀티 팩터를 적용하는 방법입니다.

이번에는 다양한 멀티 팩터 중 '마법 공식'으로 알려진 조건을 선택하여 지표 팩터와 결합 시의 수익률 결과를 살펴보겠습니다.

### 지표 팩터+(저PER+고ROE)

조엘 그린블라트는 그의 저서 『주식시장을 이기는 작은 책』에서 자본이익률(ROC, Return On Capital)이 높은 기업은 '좋은' 기업이고, EV/EBIT이 낮은 기업은 '싸다'고 평가했습니다. 이들의 순위를 매기는 방법, 즉 '싸고 좋은' 기업을 선택해서 투자하면 훌륭한 수익률을 얻을 수 있다고 소개하고 있습니다.

ROC는 기업의 수익성을 나타내는 인자인데 다른 수익성 인자들보다 추가적인 계산을 더 해 줘야 합니다. 이런 이유로 ROC 대용으로 쉽게 구할 수 있는 자기자본수익률(ROE)을 사용하곤 합니다. EV/EBIT는 기업의 저평가 정도를 나타내는 인자인데, 일반적으로 쉽게 구할 수 있는 PER을 대용으로 사용합니다.

'저PER+고ROE' 조건의 순위는 다음과 같이 구합니다.

① 지표유니버스 기업을 PER이 낮은 순에서 높은 순으로 배열하고 차례로 순위를 매깁니다.

② 지표유니버스 기업을 ROE가 높은 순에서 낮은 순으로 배열하고 차례로 순위를 매깁니다.

③ 두 팩터 순위를 합산하여 최종 순위를 결정하고, 순위를 숫자가 낮은 순에서 높은 순으로 배열합니다.

일반적으로 '저PER+고ROE' 순위가 높은 그룹을 선택하는 것이 그렇지 않은 경우보다 나은 수익을 얻을 수 있다고 알려져 있습니다. 지표유니버스에 대해서도 동일한 결과가 나오는지 확인해 보았습니다.

[비교 포트폴리오]

■ 기준 지수: 지표유니버스 지수

■ 기준 포트: 지표유니버스 기준, 매월 '저PER+고ROE' 순위가 높은 기업 25개를 선택하는 포트폴리오. 그래프 범례에는 '저PER+고ROE'로 표기

기준 지수(지표유니버스 지수)와 기준 포트(지표유니버스 기준 매월 25개의 '저PER+고ROE' 기업을 선택하는 포트폴리오)를 비교해 보면, '저PER+고ROE' 조건을 적용했을 때 특별한 이점이 보이지 않습니다. 보다 길게 기간을 적용하면 다른 결과를 얻을 수도 있겠지만 적어도 기준 시뮬레이션 기간 동안에는 큰 영향이 없었습니다.

다음으로 두 가지 포트폴리오의 수익률을 비교해 보겠습니다.

[그림 10-20] 지표유니버스 지수 vs. 저PER+고ROE

- 기준 포트: '지표유니버스'에서 매월 '저PER+고ROE' 순위가 상위인 기업 25개를 선택하여 매매하는 포트폴리오. 그래프 범례에는 '저PER+고ROE'로 표기
- 비교 포트: '지표 개선 유니버스'에서 매월 '저PER+고ROE' 순위가 상위인 기업 25개를 선택하는 포트폴리오. 그래프 범례에는 '지표 개선/저PER+고ROE'로 표기

[그림 10-21]의 시뮬레이션 결과를 보면 지표 개선 유니버스에 '저PER+고ROE' 조건을 적용했을 때 앞선 두 포트보다 수익률이 더 나아짐을 알 수 있습니다. 즉 '저PER+고ROE' 조건을 단독으로 적용하지 않고 지표 팩터와 같이 적용하면 더 좋은 수익률을 얻을 수 있습니다.

| | 저PER+고ROE | 지표 개선/저PER+고ROE |
|---|---|---|
| 누적수익률 | 94.3% | 154.5% |
| 연복리수익률(CAGR) | 10.0% | 14.3% |
| MDD | −19.8% | −17.9% |
| 1억 투자 시 평가액 | 194,321,301 | 254,465,145 |

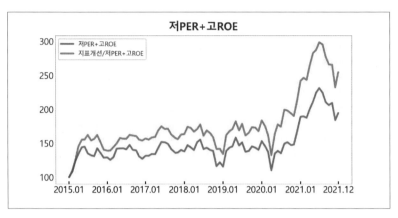

[그림 10-21] 저PER+고ROE vs. 지표 개선/저PER+고ROE

### 지표 팩터+(저PER+고GP/A)

앞장에서 살펴본 마법 공식 중 수익성 팩터를 ROE에서 GP/A로 변경하여 지표 팩터와 결합한 결과에 대해 살펴보겠습니다.

'저PER+고GP/A' 조건의 순위는 다음과 같이 구합니다.

① 지표유니버스 기업을 PER이 낮은 순에서 높은 순으로 배열하고 차례로 순위를 매깁니다.

② 지표유니버스 기업을 GP/A가 높은 순에서 낮은 순으로 배열하고 차례로 순위를 매깁니다.

③ 두 조건 순위를 합산하여 최종 순위를 결정하고, 순위를 숫자가 낮은 순에서 높은 순으로 배열합니다.

일반적으로 '저PER+고GP/A' 순위가 높은 그룹을 선택하는 것이 그렇지 않은 경우보다 나은 수익을 얻을 수 있을 것이라고 예상합니다.

지표유니버스에 대해서도 이 예상이 적용되는지 확인해 보겠습니다.

[비교 포트폴리오]

- 기준 지수: 지표유니버스 지수

- 기준 포트: 지표유니버스 기준, 매월 '저PER+고GP/A' 순위가 상위인 기업 25개를 선택하는 포트폴리오. 그래프 범례에는 '저PER+고GP/A'로 표기

기준 지수(지표유니버스 지수)와 기준 포트(지표유니버스 기준 매월 '저PER+고GP/A' 순위가 상위인 기업 25개를 선택하는 포트폴리오)를 비교해 보면, '저PER+고GP/A' 조건을 적용했을 때 더 나은 결과를 보이는 것을 확인할 수 있습니다.

다음으로 두 가지 포트폴리오의 수익률을 비교해 보겠습니다.

[그림 10-22] 지표유니버스 지수 vs. 저PER+고GP/A

- 기준 포트: '지표유니버스' 기준, 매월 '저PER+고GP/A' 순위가 상위인 기업 25개를 선택하여 매매하는 포트폴리오. 그래프 범례에는 '저PER+고GP/A'로 표기

- 비교 포트: '지표 개선 유니버스' 기준, 매월 '저PER+고GP/A' 순위가 상위인 기업 25개를 선택하는 포트폴리오. 그래프 범례에는 '지표 개선/저PER+고GP/A'로 표기

[그림 10-23]의 시뮬레이션 결과 그래프를 살펴보면 지표 개선 유니버스에 '저PER+고GP/A' 조건을 적용하면 앞선 두 포트보다 수익률이 더 나아짐을 확인할 수 있습니다.

| | 저PER+고GP/A | 지표 개선/저PER+고GP/A |
|---|---|---|
| 누적수익률 | 28.9% | 162.0% |
| 연복리수익률(CAGR) | 3.7% | 14.8% |
| MDD | −19.5% | −18.6% |
| 1억 투자 시 평가액 | 128,895,928 | 261,986,615 |

[그림 10-23] 저PER+고GP/A vs. 지표 개선/저PER+고GP/A

### 지표 팩터+(저밸류1+고GP/A+이익모멘텀 YoY)

다음은 멀티 팩터 중 밸류 팩터, 수익성 퀄리티 팩터, 모멘텀 팩터가 모두 포함되어 있는 팩터를 선택하고, 지표 팩터와 결합 시 시뮬레이션 결과를 살펴보겠습니다. 멀티 팩터를 만드는 방법은 매우 다양합니다 만, 여기에서는 다음과 같이 만들어 보겠습니다.

① 밸류 팩터로는 저PBR, 저PER, 저PSR 조건을 사용합니다. 각 팩터에 대해 값이 낮은 순에서 높은 순으로 배열하고 차례로 순위를 매깁니다.

② 수익성 팩터로는 GP/A를 사용합니다. 유니버스의 GP/A값에 대해 값이 높은 순에서 낮은 순으로 배열하고 차례로 순위를 매깁니다.

③ 모멘텀 팩터로는 이익모멘텀 YoY를 사용합니다. 유니버스의 매출액 YoY, 영업이익 YoY, 당기순이익 YoY값을 높은 순에서 낮은 순으로 배열하고 차례로 순위를 매깁니다.

④ 모든 조건의 순위를 합산하여 최종 순위를 결정하고, 순위를 숫자가 낮은 순에서 높은 순으로 배열합니다.

이하 이 조건을 '멀티 팩터 3'이라고 부르겠습니다. 멀티 팩터 3는 '저 PBR+저PER+저PSR+고GP/A+매출액 YoY+영업이익 YoY+당기순이익 YoY'로 이루어져 있습니다. 이렇게 구성된 멀티 팩터 3가 지표유니버 스에서도 작동하는지 확인해 보겠습니다.

[비교 포트폴리오]

■ 기준 지수: 지표유니버스 지수

■ 기준 포트: 지표유니버스에서 매월 '멀티 팩터 3'의 순위가 상위인 기업 25개를 선택하 는 포트폴리오. 그래프 범례에는 '저밸류1+고GP/A+이익모멘텀 YoY'로 표기

[그림 10-24] 지표유니버스 지수 vs. 저밸류1+고GP/A+이익모멘텀 YoY

기준 지수(지표유니버스 지수)와 기준 포트(지표유니버스 기준 매월 '저밸류
1+고GP/A+이익모멘텀 YoY' 순위가 상위인 기업 25개를 선택하는 포트폴리오)를
비교해 보면, '저밸류1+고GP/A+이익모멘텀 YoY' 조건을 적용했을 때
더 나은 결과를 보이는 것을 확인할 수 있습니다.

다음으로 두 가지 포트폴리오의 수익률을 비교해 보겠습니다.

- 기준 포트: '지표유니버스' 기준, 매월 '멀티 팩터 3' 순위가 상위인 기업 25개를 선택하
  여 매매하는 포트폴리오. 그래프 범례에는 '저밸류1+고GP/A+이익모멘텀 YoY'로 표기

- 비교 포트: '지표 개선 유니버스' 기준, 매월 '멀티 팩터 3' 순위가 상위인 기업 25개
  를 선택하는 포트폴리오. 그래프 범례에는 '지표 개선/저밸류1+고GP/A+이익모멘텀
  YoY'로 표기

[그림 10-25]의 시뮬레이션 결과 그래프를 살펴보면, 지표 개선 유니
버스에 '저밸류1+고GP/A+이익모멘텀 YoY' 조건을 적용했을 때 앞선

현명한 지표 투자

[그림 10-25] 저밸류1+고GP/A+이익모멘텀 YoY vs. 지표 개선/저밸류1+고GP/A+이익모멘텀 YoY

두 포트보다 수익률이 더 나아짐을 알 수 있습니다. 즉 '저밸류1+고GP/A+이익모멘텀 YoY' 조건을 단독으로 적용하지 않고 지표 팩터와 같이 적용하는 것이 더 좋은 수익률을 얻을 수 있습니다.

|  | 저밸류1+고GP/A+이익<br>모멘텀 YoY | 지표 개선/저밸류1+고GP/A+이익<br>모멘텀 YoY |
| --- | --- | --- |
| 누적수익률 | 113.9% | 165.4% |
| 연복리수익률(CAGR) | 11.5% | 15.0% |
| MDD | −20.7% | −18.2% |
| 1억 투자 시 평가액 | 213,935,881 | 265,447,442 |

### 지표 팩터+(저밸류1+고GP/A+이익모멘텀 QoQ)

이번엔 멀티 팩터 시뮬레이션에서 모멘텀 팩터만을 '이익모멘텀 YoY'에서 '이익모멘텀 QoQ'로 바꾸고 지표 팩터와 결합했을 때의 시뮬레이션 결과를 살펴보겠습니다.

다음과 같이 멀티 팩터를 만들어 보겠습니다.

① 밸류 팩터로는 저PBR, 저PER, 저PSR 조건을 사용합니다. 각 팩터에 대해 값이 낮은 순에서 높은 순으로 배열하고 차례로 순위를 매깁니다.

② 수익성 팩터로는 GP/A를 사용합니다. 유니버스의 GP/A값에 대해 값이 높은 순에서 낮은 순으로 배열하고 차례로 순위를 매깁니다.

③ 모멘텀 팩터로는 이익모멘텀 QoQ를 사용합니다. 유니버스의 매출액 QoQ, 영업이익 QoQ, 당기순이익 QoQ값을 높은 순에서 낮은 순으로 배열하고 차례로 순위를 매깁니다.

④ 모든 팩터의 순위를 합산하여 최종 순위를 결정하고, 순위를 숫자가 낮은 순에서 높은 순으로 배열합니다.

이하 이 조건을 '멀티 팩터 4'라고 부르겠습니다. 멀티 팩터 4는 '저 PBR+저PER+저PSR+고GP/A+매출액 QoQ+영업이익 QoQ+당기순이 익 QoQ'로 이루어져 있습니다. 이렇게 구성된 '멀티 팩터 4'가 지표유 니버스에서도 작동할지 확인해 보겠습니다.

[비교 포트폴리오]

- 기준 지수: 지표유니버스 지수

- 기준 포트: '지표 개선 유니버스' 기준, 매월 '멀티 팩터 4' 순위가 상위인 기업 25개를 선택하는 포트폴리오. 그래프 범례에는 '저밸류1+고GP/A+이익모멘텀 QoQ'로 표기

기준 지수(지표유니버스 지수)와 기준 포트(지표유니버스 기준 매월 '저밸 류1+고GP/A+이익모멘텀 QoQ' 순위 상위인 기업 25개를 선택하는 포트폴리오)를

[그림 10-26] 지표유니버스 지수 vs. 저밸류1+고GP/A+이익모멘텀 QoQ

비교해 보면, '저밸류1+고GP/A+이익모멘텀 QoQ' 조건을 적용했을 때 더 나은 결과를 보이는 것을 확인할 수 있습니다.

다음으로 두 가지 포트폴리오의 수익률을 비교해 보겠습니다.

- 기준 포트: '지표유니버스' 기준, 매월 '멀티 팩터 4' 순위가 상위인 기업 25개를 선택하여 매매하는 포트폴리오. 그래프 범례에는 '저밸류1+고GP/A+이익모멘텀 QoQ'로 표기
- 비교 포트: '지표 개선 유니버스' 기준, 매월 '멀티 팩터 4' 순위가 상위인 기업 25개를 선택하는 포트폴리오. 그래프 범례에는 '지표 개선/저밸류1+고GP/A+이익모멘텀 QoQ'로 표기

[그림 10-27]의 시뮬레이션 결과 그래프에서 지표 개선 유니버스에 '저밸류1+고GP/A+이익모멘텀 QoQ' 조건을 적용하면 앞선 두 포트보다 수익률이 더 향상된다는 것을 알 수 있습니다. 즉 '저밸류1+고GP/A+이익모멘텀 QoQ' 조건을 단독으로 적용하지 않고 지표 팩터와 같이 적용하면 더 좋은 수익률을 얻을 수 있습니다.

[그림 10-27] 저밸류1+고GP/A+이익모멘텀 QoQ vs. 지표 개선/저밸류1+고GP/A+이익모멘텀 QoQ

| | 저밸류1+고GP/A+이익<br>모멘텀 QoQ | 지표 개선/저밸류1+고GP/A+이익<br>모멘텀 QoQ |
|---|---|---|
| 누적수익률 | 189.0% | 247.4% |
| 연복리수익률(CAGR) | 16.4% | 19.5% |
| MDD | −20.3% | −20.8% |
| 1억 투자 시 평가액 | 288,951,041 | 347,379,722 |

### ■ 지표 팩터를 적용한 시뮬레이션 결과 종합

지금까지의 퀀트 팩터만을 적용한 케이스와 지표 팩터와 퀀트 팩터를 결합한 케이스별 수익률을 검증해 보았습니다. 그 결과 아래 기준을 적용했습니다.

- 퀀트 팩터만 적용: '지표유니버스' 기준, 퀀트 팩터만을 적용하여 매월 상위 25개 기업으로 포트폴리오를 구성

- 지표 팩터+퀀트 팩터 적용: '지표 개선 유니버스' 기준, 퀀트 팩터를 적용하여 매월 상

위 25개 기업으로 포트폴리오를 구성

다양한 퀀트 팩터에 대한 시뮬레이션 결과를 종합해서 비교해 보았습니다. 아래 표는 앞서 진행한 시뮬레이션 결과에서 누적수익률과 수익률 개선 여부를 하나의 표로 정리한 것입니다.

| 퀀트 팩터 | 퀀트 팩터만 적용 | 지표 개선+퀀트 팩터 적용 | 수익률 개선 |
|---|---|---|---|
| 저PBR | 166.0% | 365.5% | O |
| 저PER | 77.8% | 154.0% | O |
| 저PBR+저PER | 129.1% | 190.2% | O |
| 저PBR+저PER+저PSR | 164.8% | 253.4% | O |
| 고ROE | 70.7% | 234.4% | O |
| 고ROA | 61.5% | 114.9% | O |
| 고GP/A | 44.1% | 196.1% | O |
| 이익모멘텀 YoY | 130.5% | 131.9% | − |
| 이익모멘텀 QoQ | 262.5% | 399.3% | O |
| 저PER+고ROE | 94.3% | 154.5% | O |
| 저PER+고GP/A | 28.9% | 162.0% | O |
| 저밸류1+고GP/A+이익모멘텀 YoY | 113.9% | 165.4% | O |
| 저밸류1+고GP/A+이익모멘텀 QoQ | 189.0% | 247.4% | O |

이와 같은 결과를 통해 퀀트를 통한 포트폴리오 구성 시 퀀트 팩터만 사용하는 것보다 지표 팩터를 함께 적용하는 것이 더 나은 결과를 가져온다는 것을 확인할 수 있습니다. 지표 팩터 추가 시 수익률 시뮬

레이션 결과가 나빠지는 경우는 단 한 건도 없었습니다. 오히려 퀀트 팩터에 따라 결과가 약간 개선되거나 훨씬 나아졌습니다. (지면 관계로 생략했으나 시뮬레이션을 진행하면서 포트폴리오별 샤프지수와 소르티노지수도 구해서 비교해 보았습니다. 위의 '수익률 개선' 표의 결과와 마찬가지로 '이익모멘텀 YoY'의 경우를 제외한 모든 경우에서 샤프지수와 소르티노지수가 개선되는 결과를 확인했습니다. 참고로 샤프지수는 표준편차를 이용하여 투자 성과를 고려하는 지표로, 지표가 클수록 더 나은 투자 방법임을 나타냅니다. 소르티노지수는 기본적으로 샤프지수와 동일하지만 음의 변동성—즉 손실 발생—에 대해서만 표준편차를 이용해 투자 성과를 고려하는 지표입니다. 역시 지수가 클수록 더 나은 투자 방법임을 나타냅니다.)

이상의 시뮬레이션을 통해 우리는 다음의 사실들을 확인할 수 있었습니다.

- 기존의 퀀트 팩터들을 '지표유니버스'에 적용해도 잘 동작한다.
- 대부분의 경우에 기존의 퀀트 팩터만 적용된 포트폴리오보다 지표 팩터를 함께 사용한 포트폴리오가 의미 있는 초과 수익을 준다.
- 위의 결과로서 '지표 팩터'는 의미 있는 퀀트 팩터로 사용할 수 있다.


# 포트폴리오 실전 시뮬레이션

지금까지 '지표 개선'이라는 기준을 퀀트 투자에 다양하게 활용하고 응용할 수 있음을 확인했습니다. 이제 한걸음 더 나아가 보다 구체적이고 실질적인 사례를 살펴보겠습니다. 그에 앞서 지표지수와 주가지수를 통해 섹터 업황 판단이 가능하다고 설명했습니다. 이를 통해 해당 섹터의 매매 전략을 세울 수 있다고도 이야기했습니다. '길잡이 차트'에 표시된 섹터 업황 판단이 해당 매매 전략의 방향이 되는 것이죠.

자, 그렇다면 이 매매 전략을 직접적으로 이용하거나 또는 이 매매 전략을 도출하는 방식을 응용하여 실제적인 포트폴리오로 발전시킬 수 있습니다. 현재 지표상회에서는 이 같은 로직으로 생성한 포트폴리오를 운용하고 있으며 매달 초 수익률을 공개하고 있습니다. '지표 개선' 기준을 적용해 어떤 방식으로 포트폴리오를 구성하고 있는지, 적용 시 어떤 성과를 가져오는지를 지표상회 포트폴리오 01호와 02호의 실제 사례를 가져와서 설명해 보겠습니다.

### ■ 탑다운 포트폴리오: 포트폴리오 01호

#### 포트폴리오 01호 구성 원리

포트폴리오 01호는 탑다운 방식으로 포트폴리오 기업을 선정합니다. 포트폴리오 01호는 다음의 단계를 거쳐 포트폴리오에 편입될 기업을 선정합니다.

① 매월 섹터별 주요 지표를 지수화한 '지표지수'와 섹터 구성 기업의 시가총액을 지수화한 '주가지수'를 대상으로,

② 최적화 로직을 통해 섹터에 대한 업황 판단 의견을 생성합니다. 업황 판단 의견은 관심 시점, 역발상 시점, 관망 시점으로 나뉘며, 관심과 역발상은 매수를, 관망은 매도 의

견을 나타냅니다.

③ 관심과 역발상 판단을 받은 섹터를 대상으로 각 섹터에서 지표지수와 상관관계가 최 상인 기업을 2~3개 선택합니다. 상장되어 있는 업종 ETF에 투자할 수도 있으나 실제 투자 가능한 업종 ETF가 없는 경우가 많습니다. 따라서 업종 ETF 대신 섹터를 대표하 는 기업 2~3개를 선택합니다.

한 예로 열연 섹터에 관심이 있다고 가정해 보겠습니다. 열연 섹터 의 주요 지표인 '열연-철광석 스프레드', '중국 열연 가격', '철광석 가격', '유연탄 가격' 지표를 통해 지표지수를 만들었습니다. 이 지표지수와 주가지수를 시뮬레이션한 결과 이번 달 열연 섹터를 '매수'하면 좋겠다 는 결론이 나왔습니다. 열연 섹터를 매수하면 좋겠다는 의견까지는 얻 었지만, 시장에는 우리가 원하는 정확한 섹터 ETF가 없습니다. 그래서 대안으로 POSCO와 현대제철을 매수하기로 했습니다.

이것이 포트폴리오 01호를 구성하는 기본적인 접근 아이디어입니 다. 이번 달 '매수' 의견이 도출된 모든 섹터에 대해 이 같은 방식으로 접근할 수 있습니다. 이번 달 업황이 개선될 것으로 예상되는 (정확하게 이야기하면 이를 통해 시가총액이 상승할 것으로 예상되는) 섹터들을 모두 포 트폴리오에 포함할 수 있습니다.

'업종 지표 개선=기업 이익 증가=기업 주가 반영'이라는 대전제에서 이와 같이 포트폴리오를 구성했습니다. 개별 기업의 경우 업종 지표는 개선되나 회사 내부 사정으로 이익 반영이 안 된다든지, 실적 개선에도 불구하고 주가 반영이 늦는다든지, 회사 주가가 실적 외적인 이벤트에 휘둘린다든지 등의 케이스는 언제든 발생할 수 있습니다. 따라서 1~2

개 섹터가 아니라 다수 섹터를 대상으로 이 같은 방식을 적용하고 동시에 해당 섹터의 대표 기업을 선정한다면 투자 성공 확률을 높일 수 있습니다.

　앞서 설명드린 포트폴리오 01호 구성 로직을 그림으로 그려 보면 [그림 10-28]과 같습니다.

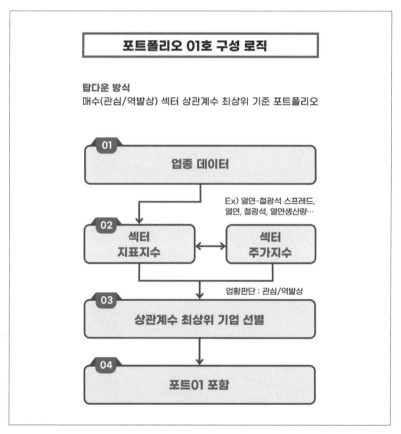

[그림 10-28] 포트폴리오 01호 구성 로직

**포트폴리오 01호 수익률**

앞서 언급한 규칙에 따라 매월 포트폴리오를 구성하고, 아래 규칙에
따라 리밸런싱과 시뮬레이션을 진행했습니다.

[시뮬레이션 규칙]

- '매수/매도' 판단은 해당 월 지표를 통한 업황 판단(길잡이 차트 판단)을 따름

- 리밸런싱은 매월 첫 번째 영업일에 진행

- 전월 포트폴리오 금액 산정은 매월 마지막 영업일 종가로 계산

- 신규 포트폴리오 전환은 매월 첫 번째 영업일 종가로 계산

- 종목 수량은 실제 보유 가능 수량으로 계산, 나머지는 현금으로 보유
  ('종목을 3.5주 보유'가 아니라, '3주 보유+나머지는 현금'으로)

- 매수/매도에 따른 거래세와 수수료는 시뮬레이션에 포함

- 종목의 배당은 고려하지 않으며, 보유한 현금에 대한 이자도 고려하지 않음

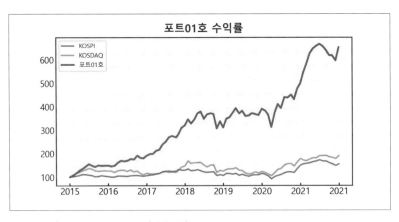

[그림 10-29] 포트폴리오 01호 수익률(전체 기간)

[그림 10-29]는 포트폴리오 01호를 2015년 1월부터 2021년 12월까지 시뮬레이션한 결과입니다. 기준지수는 100.0입니다. 2015년부터 2021년까지 7년 동안 포트폴리오 01호는 누적수익률 551%, 연평균 기하평균 수익률 30.3%, MDD -20.6%를 기록했습니다. 훌륭한 성적이라고 판단됩니다.

| | 포트 01호 | 코스피 | 코스닥 |
|---|---|---|---|
| 누적수익률 | 551% | 55% | 90% |
| 연평균수익률(산술평균) | 78.7% | | |
| 연평균수익률(기하평균) | 30.3% | | |
| MDD | -20.6% | | |

첫 번째 시뮬레이션은 훌륭한 수익률 결과를 보여 주었습니다. 그러나 곧바로 실제 투자에 적용하기에는 무리가 있습니다. 포트폴리오의 매매 원칙을 정하는 기간이 시뮬레이션 기간에 포함되어 있기 때문에 수익률이 과최적화되었을 수도 있습니다.

두 번째 시뮬레이션은 앞에서의 이슈를 피하기 위해 다음과 같이 기간을 나누었습니다.

- 2010년 1월~2019년 12월: 포트폴리오의 매매 원칙을 정하는 기간
- 2020년 1월~2021년 12월: 수립된 매매 원칙을 이용하여 매매를 진행

[그림 10-30]은 2020년 1월을 기준(지수=100.0)으로 두고 시뮬레이션

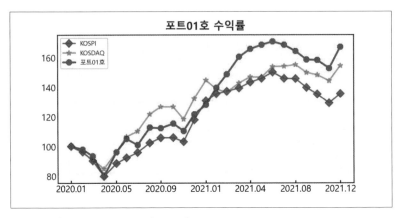

[그림 10-30] 포트폴리오 01호 수익률(최근 기간)

을 진행한 결과입니다. 해당 기간 동안 누적수익률은 67%, 연평균 기
하평균 수익률은 27.9%, MDD는 -20.0%의 결과를 기록했습니다. 2020
년 1월부터 2021년 12월까지 2년 연평균 수익률 27.9%는 앞서 살펴본
지난 7년 연평균 수익률 30.3%에 근접하는 결과를 보여 주었습니다.
따라서 포트폴리오 01호의 접근 전략은 유용하다고 볼 수 있습니다.

|  | 포트 01호 | 코스피 | 코스닥 |
| --- | --- | --- | --- |
| 누적수익률 | 67% | 21% | 30% |
| 연평균수익률(산술평균) | 33.5% | | |
| 연평균수익률(기하평균) | 27.9% | | |
| MDD | -20.0% | | |

## ■ 바텀업 포트폴리오: 포트폴리오 02호

### 포트폴리오 02호 구성 원리

포트폴리오 01호가 탑다운 방식으로 포트폴리오 기업을 선정했다면, 포트폴리오 02호는 바텀업 방식으로 포트폴리오 기업을 선정합니다. 포트폴리오 01호가 섹터에 포함되는 모든 구성 기업과 지표지수의 관계에 주목했다면, 포트폴리오 02호는 개별 기업과 지표지수의 관계에 관심을 둡니다.

개별 기업과 지표지수를 1:1로 매핑하여 최적화된 수익률을 보이는 기업들로 포트폴리오를 구성합니다. 기업에 포커스를 맞춰서 포트폴리오 포함 여부를 선택하기 때문에 바텀업 방식이라고 말씀드릴 수 있습니다. 포트폴리오 02호는 다음과 같은 단계를 거쳐 포트폴리오에 편입될 기업을 선정합니다.

① 섹터별로 섹터 지표지수와 높은 상관관계를 보이는 개별 기업들을 후보 기업으로 선정합니다.

② 매월 섹터 주요 지표를 지수화한 '지표지수'와 해당 섹터에 포함된 후보 기업 주가를 대상으로,

③ 최적화 로직을 통해 개별 기업에 대한 판단 의견을 생성합니다. 판단 의견은 관심 시점, 역발상 시점, 관망 시점으로 나뉘며 관심과 역발상은 매수를, 관망은 매도 의견을 나타냅니다. 포트폴리오 01호가 섹터에 대한 최적화 로직을 시행했다면, 포트 02호는 개별 기업에 대한 최적화 로직을 시행합니다.

④ 관심과 역발상 판단을 받은 개별 기업을 포트폴리오에 포함합니다.

한 예로 'POSCO'에 관심이 있다고 가정해 보겠습니다. POSCO는 열연 섹터에 포함되고, 열연 섹터 지표지수는 주요 지표인 '열연-철광석 스프레드', '중국 열연 가격', '철광석 가격', '유연탄 가격' 등을 통해 만들어집니다. 이 지표지수와 POSCO 주가를 시뮬레이션한 결과 이번 달 '매수' 의견이 나왔고, 이 결과에 따라 POSCO를 이번 달 포트폴리오 02호에 편입시키기로 결정했습니다.

이것이 포트폴리오 02호를 구성하는 기본적인 아이디어입니다. 각 섹터에서 섹터 지표지수와 높은 상관관계를 가지는 기업을 확인하고, 이번 달 '매수' 의견이 도출된 기업 전체를 찾아낼 수 있을 것입니다. 전체 섹터의 후보 기업에 대해 이 같은 접근을 반복할 수 있을 것입니다. 이런 접근을 통해 이번 달 업황이 개선될 것으로 예상되는 개별 기업들을 포트폴리오에 포함할 수 있습니다.

포트폴리오 01호의 기업 선정하는 과정과 비교해 보면 같은 'POSCO'라는 기업이 포트폴리오에 포함될 수 있지만 접근 방향은 사뭇 다르다는 것을 알 수 있을 것입니다. 포트폴리오 01호에 포함된 'POSCO'는 이번 달 업황이 개선될 것이라고 판단되는 '열연 섹터'를 대신해서 편입된 것이고, 포트폴리오 02호에 속한 'POSCO'는 개별 기업 자체가 업황개선에 따른 수혜가 있을 것이라고 판단되어 편입한 것입니다.

포트폴리오 02호에 포함될 개별 기업을 고르는 작업은 앞서 각 섹터에 대해 살펴보고, 개별 기업의 실적과 전망에 대해 예측해 보는 일과 다르지 않습니다. 단지 포트폴리오 02호는 개별 기업에 대한 분석을 구조화하고, 이 같은 기업 수를 늘려 풀(Pool)로 삼는다는 점에서 차이가 있습니다.

포트폴리오 02호의 기업을 구성할 때도 여전히 '업종 지표 개선=기업 이익 증가=기업 주가 반영'이라는 대전제는 유지됩니다. 기업 하나하나를 본다면 위의 전제에서 벗어나거나 오차가 있을 수도 있습니다. 하지만 이러한 기업들을 풀로 구성할 수 있고, 그 수가 적정하다면 대전제와 가까워질 수 있습니다.

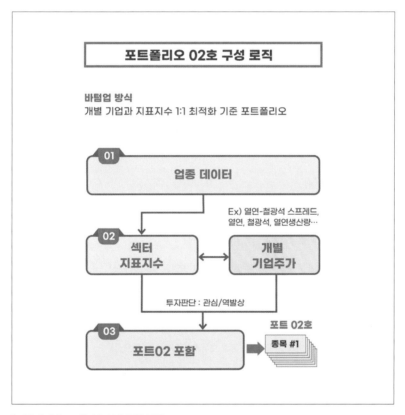

[그림 10-31] 포트폴리오 02호 구성 로직

포트폴리오 02호와 포트폴리오 01호를 비교해 보면, '개별 기업' vs. 'ETF'로 근사화시킬 수 있을 듯합니다. 포트폴리오 02호가 개별 기업 풀로 구성되므로 조금 더 높은 수익률을 추구할 수 있고 반대급부로 높은 변동성에 노출될 수 있습니다. 포트폴리오 01호는 '섹터 ETF' 성격이며 ETF가 가진 기본 성격들, 즉 변동성은 낮고 추종하는 섹터지수+α의 수익률을 추구합니다.

앞서 설명드린 포트폴리오 02호 구성 로직을 그림으로 그려 보면 [그림 10-31]과 같습니다.

### 포트폴리오 02호 수익률

앞서 언급한 규칙에 따라 매월 포트폴리오를 구성했고, 아래 규칙에 따라 리밸런싱과 시뮬레이션을 진행했습니다.

[시뮬레이션 규칙]

- '매수/매도' 판단은 해당 월 지표를 통한 업황 판단(길잡이 차트 판단)을 따름
- 리밸런싱은 매월 첫 번째 영업일에 이루어짐
- 전월 포트폴리오 금액 산정은 매월 마지막 영업일 종가로 계산
- 신규 포트폴리오 전환은 매월 첫 번째 영업일 종가로 계산
- 종목 수량은 실제로 보유할 수 있는 수량으로 계산, 나머지는 현금으로 보유 ('종목을 3.5주 보유'가 아니라, '3주 보유+나머지는 현금'으로)
  - 매수/매도에 따른 거래세와 수수료는 시뮬레이션에 포함
  - 종목의 배당은 고려하지 않으며, 보유한 현금에 대한 이자도 고려하지 않음

[그림 10-32] 포트폴리오 02호 수익률(전체 기간)

[그림 10-32]는 포트폴리오 02호를 2015년 1월부터 2021년 12월까지 시뮬레이션한 결과입니다. 기준지수는 100.0입니다. 7년 동안 포트폴리오 02호는 누적수익률 1,284%, 연평균 기하평균 수익률 44.9%, MDD -21.3%를 기록했습니다. 아주 훌륭한 성적이라고 판단됩니다.

|  | 포트 02호 | 코스피 | 코스닥 |
|---|---|---|---|
| 누적수익률 | 1,284% | 55% | 90% |
| 연평균수익률(산술평균) | 183.4% |  |  |
| 연평균수익률(기하평균) | 44.9% |  |  |
| MDD | -21.3% |  |  |

위 시뮬레이션은 훌륭한 결과를 보였지만 곧바로 실제 투자에 적용하기에는 무리가 있습니다. 포트폴리오의 매매 원칙을 정하는 기간이 시뮬레이션 기간에 포함되어 있기 때문에 수익률이 과최적화되었을

수 있습니다.

두 번째 시뮬레이션은 앞 이슈를 피하기 위해 다음과 같이 기간을
나누었습니다.

- 2010년 1월~2019년 12월: 포트폴리오 매매 원칙을 정하는 기간
- 2020년 1월~2021년 12월: 수립된 매매 원칙을 이용하여 매매 진행

[그림 10-33]은 2020년 1월을 기준(지수=100.0)으로 두고 시뮬레이션
을 진행한 결과입니다. 해당 기간 동안 누적수익률은 84%, 연평균 기
하평균 수익률 33.9%, MDD -21.3%의 결과를 기록했습니다. 2020년
1월부터 2021년 12월까지 2년간 연평균 수익률(33.9%)은 앞서 살펴본
지난 7년 연평균 수익률(44.9%)에 비해 낮지만 여전히 높은 결과를 보
여 줍니다. 따라서 포트폴리오 02호의 접근 전략은 유용하다고 볼 수
있습니다.

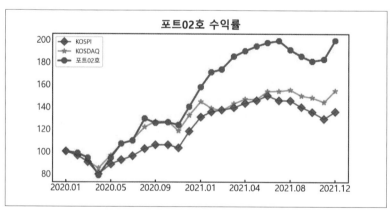

[그림 10-33] 포트폴리오 02호 수익률(최근 기간)

|  | 포트 02호 | 코스피 | 코스닥 |
| --- | --- | --- | --- |
| **누적수익률** | 84% | 21% | 30% |
| **연평균수익률(산술평균)** | 41.9% | | |
| **연평균수익률(기하평균)** | 33.9% | | |
| **MDD** | −21.3% | | |

# 추가 시뮬레이션
## 코스피, 코스닥 전체 종목 대상 수익률 비교

# 전체 종목을 대상으로 한
# 퀀트와 지표 개선 퀀트 간 수익률 비교

10장에서 '지표유니버스'를 대상으로 퀀트 팩터만 적용한 경우와 지표 팩터와 퀀트 팩터를 같이 적용한 경우에 대해 시뮬레이션을 진행했습니다. 시뮬레이션 결과, '지표유니버스'에 대하여 퀀트 팩터를 단독으로 사용하는 것보다 지표 팩터와 같이 사용하는 것이 더 나은 수익률을 보였습니다.

이 결과를 보며 '지표유니버스'가 아닌 '코스피, 코스닥 전체 종목'을 대상으로 시험해도 같은 결과를 얻을 수 있을까 하는 궁금증이 생길 수 있습니다. 이 질문에 답하기 위한 시뮬레이션을 다음과 같이 진행했습니다.

- 기준 포트: 코스피, 코스닥의 전체 종목을 대상으로 함. 단 금융 및 지주회사 등은 유니버스에서 제외. 약 2,060개의 종목들이 해당되며, 이 종목들에 해당 퀀트 조건을 적용한 후 매달 상위 25개 기업을 선택하여 시뮬레이션을 진행한 포트폴리오
- 비교 포트: 지표 개선 유니버스 기준으로 해당 퀀트 조건을 적용한 후 매달 상위 25개 기업을 선택하여 시뮬레이션을 진행한 포트폴리오

[부록 1-1]은 이 시뮬레이션에 대한 결과를 하나의 차트로 나타낸 것입니다.

파란색 막대는 '전체 종목에 퀀트 팩터를 적용한 포트폴리오' 수익률이고, 빨간색 막대는 '지표 개선 유니버스에 퀀트 팩터를 적용한 포트폴리오' 수익률입니다. 시뮬레이션 조건은 10장에서 적용한 것과 동일합니다.

차트를 살펴보면, '이익모멘텀 YoY', '저PER+고ROE', '저밸류1+고GP/A+이익모멘텀 YoY'에서의 경우를 제외한 나머지 모든 퀀트 팩터에서 퀀트 팩터 단독보다는 지표 팩터를 동시에 적용하는 것이 더 나은

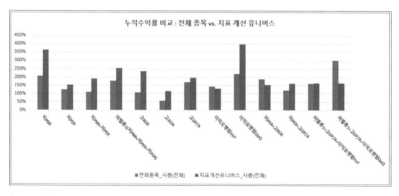

[부록 1-1] 누적 수익률 비교: 전체 종목 vs. 지표 개선 유니버스

현명한 지표 투자

수익률을 거둔다는 결과를 보입니다. 지표 팩터와 잘 어울리는 퀀트 팩터의 조합에 대해 다양하게 시도한다면 훨씬 더 나은 결과를 가질 수 있을 것으로 기대합니다.

## 조건의 변경: 시가총액 1000억 원 이상인 종목만을 편입

기관 등이 투자를 하거나 운용하는 투자금이 큰 경우, 일정 수준 이상의 시가총액을 가지는 종목에만 투자할 수 있도록 제한이 생기곤 합니다. 우리는 그 기준을 시가총액 1000억 원으로 설정하여, 기준을 만족하는 종목만 유니버스에 포함시키겠습니다. 이런 경우에도 지표 팩터가 잘 작동하는지를 확인해 보겠습니다. 유니버스에 포함될 종목이 시가총액에 의해서만 추가적인 제한을 받을 뿐 나머지 조건은 앞의 시뮬레이션 조건과 완전 동일합니다.

[부록 1-2]는 이 시뮬레이션에 대한 결과를 하나의 차트로 나타낸 것입니다. 청색 막대는 '전체 종목 중 해당 시기에 시총 1000억 원이 넘는 종목들에 대해 퀀트 팩터를 적용한 포트폴리오' 수익률이고, 오렌지색 막대는 '지표 개선 유니버스 종목 중 해당 시기에 시총 1000억 원 이상인 종목에 퀀트 팩터를 적용한 포트폴리오'의 수익률입니다. 시뮬레이션 조건은 10장에서 적용한 것과 동일합니다.

차트를 살펴보면, 모든 경우에서 지표 팩터와 퀀트 팩터를 동시에

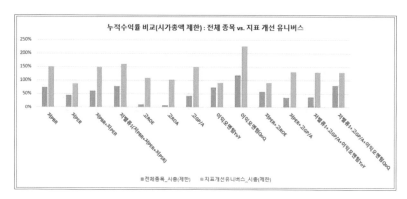

[부록 1-2] 누적 수익률 비교(시가총액 제한): 전체 종목 vs. 지표 개선 유니버스

적용한 포트폴리오가 퀀트만 단독으로 적용한 포트폴리오보다 훨씬
나은 결과를 보여 주고 있습니다. 앞서의 시가총액 제한을 걸지 않은
포트폴리오 수익률 결과와 비교해 보면 시가총액에 제한이 없는 포트
폴리오의 수익률이 높은 것을 확인할 수 있습니다. 이는 시가총액이 적
은 종목도 편입이 가능하다는 장점, 즉 '소형주 효과'로 인한 것으로 판
단됩니다.

## 에필로그

# 투자의 목표

우리가 투자를 하는 이유는 궁극적으로 수익을 얻기 위함입니다. 이는 가치가 증가하는 기업을 찾는 여정이기도 합니다. 내재 가치 대비 저평가된 기업을 찾는 것도 방법이고, 적정 평가를 받고 있으면서 미래 가치가 높은 기업을 찾는 것도 방법입니다. 이 책은 다양한 접근 방법 가운데 이익이 증가하는 기업에 집중했습니다. 이익 증가를 알려 주는 지표에 포커싱해서 '업종 지표 개선=기업 이익 증가=주가 반영'이라는 대전제에서 다양한 이야기를 풀었습니다.

특히 1장부터 8장까지 업종과 업종을 구성하는 섹터 주요 지표에 대해 설명하면서 지표를 통해 업황을 확인하는 다양한 관전 포인트를 이야기했습니다. 또한 관심 갖고 바라봐야 할 섹터별 주요 지표를 정리했습니다. 그리고 9장에서는 지표에 대한 이해를 바탕으로 실제 투자에 활용하는 방법에 대해 설명했습니다. 먼저 지표를 통해 직접 기업에 투자하는 방식을 살펴보았습니다. 업황개선 관점에서 탑다운으로 투자 기업을 찾는 접근도 가능하며, 개별 기업에 집중해 지표를 활용하는 바텀업 접근도 가능하다는 이야기도 했습니다. 또 다른 접근으로 업황개선 업종에 직접 투자하는 '업종 ETF' 투자 방식과 업종을 세분화한 섹터를 중심으로 투자하는 '섹터 ETF' 투자 방식에 대해서도 설명했습니다. 직접 섹터 ETF를 구성하는 방법도 살펴보았습니다. 나아가 10장에서는 업종 지표를 활용한 퀀트 투자 방식을 소개했습니다. 일반적인 퀀트 투자와 '지표 개선' 기준을 적용한 퀀트 투자의 수익률 개선 효과를 비교해 보았습니다. 업황을 알려 주는 지표 활용이 투자 수익률 관점에서 유용한 접근이라는 것을 검증할 수 있었습니다.

지금까지 많은 이야기를 했습니다. 이제 다른 이야기를 하나 덧붙이면서 글을 마무리하려고 합니다. 앞서 투자하는 이유는 수익을 얻기 위해서라고 했습니다. 결국 수익을 얻는 것이 투자의 목표입니다. 이 목표를 달성하기 위해서는 시장과 기업에 대한 이해에 앞서 투자자 자신을 먼저 이해해야 합니다. 투자에 있어서 절대적으로 맞거나 틀린 기준은 없다고 생각합니다. 장기 투자를 선호할 수도 있고 단기 투자를 선호할 수도 있습니다. 지표를 중요하게 생각할 수도 있고, 차트 흐름을 중요하게 생각할 수도 있습니다. 이익 증가를 중요하게 판단할 수도 있고 경영자의 마인드 또는 자산 가치를 중요하게 판단할 수도 있습니다.

돌아보면 결국 중요한 것은 투자자 자신의 기질과 성향입니다. 내가 어떤 사람인가를 파악하는 것이 매우 중요합니다. 이는 투자의 출발점입니다. 투자자 자신이 기업 이익 증가를 확인하고 기업과 동행하는 방향을 선호하는지 또는 계량화된 투자 방식을 통해 심리적 편향성을 제거하는 방향을 선호하는지에 따라 투자의 접근 방식은 달라질 것이고 실제 달라져야 한다고 생각합니다.

투자자 본인은 투자 아이디어와 스토리를 통한 투자를 선호하는데 현실은 퀀트 투자를 한다면 투자가 심심하고 답답하게 느껴질 수밖에 없습니다. 반대로 시장 변동성을 지극히 꺼리는 성향을 가진 투자자가 개별 기업에 직접 투자한다면 스트레스에서 자유롭기 어렵습니다. 워런 버핏과 같은 대가의 책을 읽고 장기 투자를 지향하지만 투자자 본인이 단기적인 성과에 집중하는 성향이라면 투자 시간이 길고 지루하게 느껴질 수밖에 없습니다.

먼저 투자자 스스로 어떤 성향과 기질을 갖고 있는지를 돌아볼 필요가 있습니다. 성향과 기질에 맞는 투자 방식을 선택하는 것이 현명한 접근이라고 생각합니다. 다시 말해 본인에게 맞는 옷을 입을 필요가 있습니다.

본인에게 어울리는 옷을 입고 이제 주식시장으로 걸어가 보시기 바랍니다. 이때 지표라는 멋진 모자를 쓰고 시장을 바라보길 바랍니다.

## 윌리엄 오닐의 이기는 투자

**윌리엄 오닐 지음 | 이혜경 옮김 | 284쪽 | 17,500원**

윌리엄 오닐은 전설적인 투자자로 30세에 뉴욕 증권거래소 최연소 회원이 된 인물이다. 그가 고안한 CANSLIM 법칙은 여전히 주식시장에서 시장을 이기는 최상의 전략으로 통한다. 이 책은 그런 그가 45년간 주식시장을 종합적으로 연구·분석하며 찾아낸 시장의 작동 원리와 지침을 다루고 있다.

## 차트의 해석

**김정환 지음 | 504쪽 | 23,000원**

베스트 애널리스트이자 최고의 기술적 분석가인 저자 김정환의 스테디셀러인 《차트의 기술》의 심화 편이라고 할 수 있다. 《차트의 기술》이 기술적 분석을 위한 기초를 다지게 했다면, 《차트의 해석》은 기술적 분석에 관한 지표나 매매 전략의 의미를 명확히 하여 실제 시장과 종목의 움직임에 대응하는 방법을 알려준다.

## ETF 처음공부

**김성일 지음 | 524쪽 | 21,500원**

《ETF 처음공부》는 '자산배분의 대가'로 불리는 김성일 작가의 신작으로 ETF의 기본 개념과 용어 설명은 물론이고 국가별·자산별·섹터별 투자 가능한 ETF들과 투자성과까지 조사한 책이다. 저자는 투자 포트폴리오는 물론이고 ETF별 수익률을 낱낱이 공개하며 초보자로 하여금 보다 안전한 투자를 할 수 있게끔 도와준다.

## 투자를 잘한다는 것

**배진한 지음 | 264쪽 | 17,500원**

구독자수 24만 명 레슨몬TV의 배진한 저자가 쓴 책이다. 그는 대륙제관, 국일제지 등 다수의 회사에 5% 이상의 지분취득을 신고하였고, 여러 종목에서 1,000% 이상 수익을 올린 슈퍼개미다. 500만 원 투자로 수백억 원의 자산을 이루기까지 슈퍼개미 배진한의 성공노하우를 이 책 한 권에 모두 담았다.

## 현명한 반도체 투자

**우황제 지음 | 448쪽 | 19,500원**

광범위한 반도체 산업의 이론적인 디테일을 쉽게 풀어 반도체 소재·설계·장비 분야의 투자까지 연결할 수 있도록 도와주는 유일무이한 책이다. 전기전자공학을 전공하고 10년이 넘는 세월 동안 산업의 구별 없이 200개 이상의 기업에 대해 보텀업과 톱다운 분석을 꾸준히 진행해온 저자의 내공이 담겨 있다.

## 차트의 기술

**김정환 지음 | 496쪽 | 22,000원**

국내외의 다양한 투자 사례와 해박한 동서양의 인문지식으로 누구나 쉽게 이해할 수 있도록 설명하는 책이다. 최근 기본적 분석과 기술적 분석에 이어 제3의 분석법으로 각광받고 있는 심리적 분석법을 사례를 들어 설명하며 독자들의 이해를 높인다.

## 반도체 제국의 미래

**정인성 지음 | 440쪽 | 18,500원**

4차 산업혁명 시대, 반도체는 선택의 문제가 아닌 생존의 문제이다. 미국의 공세, 중국의 야망, 대만·일본의 추격… 치열한 경쟁의 세계에서 우리 삶을 좌우할 새로운 제국은 누가 차지할 것인가. 삼성전자, 인텔, TSMC, 엔비디아 등 21세기 승자의 법칙을 통해 흔들리는 패권 속 미래를 전망해본다.

## 엘리어트 파동이론

**엘리어트 지음 | 이형도 엮음 | Robin Chang 옮김 | 309쪽 | 14,500원**

금융시장의 핵심 이론 중 하나인 '엘리어트 파동이론'의 원전을 만난다. 엘리어트는 66세가 넘어 처음 주식시장에 발을 들였고 사망하기 전까지 10년간의 활동으로 전 세계 금융시장에 일대 충격파를 던졌다. '파동이론'은 지금도 금융시장의 분석도구로 유용하게 사용되고 있다.

## 오토 워

**자동차미생 지음 | 252쪽 | 17,000원**

《오토 워》는 전기자동차와 자율주행으로 대변되는 모빌리티 세상의 과거, 현재, 미래를 현실적으로 바라보게 하는 책이다. '자동차의 도시' 디트로이트 현직 자동차 엔지니어가 바라본 앞으로 10년, 자동차 산업의 모든 것이 이 책에 고스란히 담겨 있다.

## 실전 공매도

**김영옥 지음 | 368쪽 | 18,500원**

실전투자대회에 참가하여 수차례 수상한 저자는 20여 년간 트레이딩을 성공적으로 해왔고, 자신의 매매(매수·공매도)와 수익을 직접 책에 인증했다. 그는 이 책에 필승 매수 기법을 포함하여 개인투자자가 직접 공매도(대주, 대차, CFD) 거래를 통하여 수익을 내는 기법을 국내 최초로 공개했다.

## 어느 주식투자자의 회상

**에드윈 르페브르 지음 | 박성환 옮김 | 452쪽 | 14,800원**

이 책의 작가 에드윈 르페브르는 20세기 전반 주식시장을 주름잡던 '월스트리트의 황제', '추세매매법의 아버지' 제시 리버모어를 인터뷰하여 만든 가공의 인물 래리 리빙스톤을 통해 현대의 금융시장을 이해하는 핵심적인 코드이자 주식시장을 간단히 꿰뚫어버릴 수 있는 해법을 소개한다.

## 스티브 니슨의 캔들차트 투자기법

**스티브 니슨 지음 | 조윤정 옮김 | 김정환 감수 | 376쪽 | 27,000원**

전 세계 투자자들에게 캔들차트 분석의 바이블로 불리는 《Japanese Candlestick Charting Techniques》의 번역서가 14년 만에 리커버판으로 다시 돌아왔다. 저자인 스티브 니슨은 이 책을 통해 처음으로 서구 세계에 캔들차트의 배경 지식과 실제적 활용법을 소개했다.

## 개장 전, 아직 켜지지 않은 모니터 앞에서

**강민우(돈깡) 지음 | 248쪽 | 16,000원**

'MZ 세대 투자의 아이콘', 40만 인기 유튜버 '돈깡'의 이야기. 그 무엇도 아닌 자신이 되고자 했던 지난 12년간의 치열한 기록을 담았다. 어떻게 자신을 다잡고, 어떤 방식으로 시장을 바라보고, 종목을 분석하고, 공부하는지 등 돈깡이 주식하는 법을 엿볼 수 있다.

## 채권투자 핵심 노하우

**마경환 지음 | 403쪽 | 22,000원**

이 책은 어렵게만 느껴졌던 채권투자의 핵심을 투자자의 눈높이에 맞추어 속 시원히 알려준다. 어려운 학술적 정의나 이론은 배제하고 채권의 기본부터 경기 상황별 투자법, 채권펀드 선택법 등 소중한 투자 자산의 관리 전략을 수립할 수 있도록 도와준다.

## 기술적 분석 모르고 절대 주식투자 하지 마라

**잭 슈웨거 지음 | 이은주 옮김 | 448쪽 | 21,000원**

선물, 헤지펀드 전문가이자 《시장의 마법사들》을 비롯한 다수의 베스트셀러를 낸 잭 슈웨거가 실전과 경험을 통해 터득한 기술적 분석의 개념과 기법을 공개한다. 이 책은 추세, 박스권, 차트 패턴, 손절매, 진입, 포지션 청산, 피라미딩 접근법과 같은 기술적 분석의 개념과 이론을 알기 쉽게 설명하고 있다.

## 차트 패턴

**토마스 N. 불코우스키 지음 | 조윤정 옮김 | 419쪽 | 24,000원**

세계 최고의 차티스트인 토마스 불코우스키는 25년 동안 주식을 매매하며 게으른 사람은 흉내도 못 낼 성실함과 믿기지 않을 정도의 분석력으로 3만 8,500개 이상의 차트를 조사 및 연구하여 놀라운 수익을 거두었다. 《차트 패턴》에서 그 패턴을 시뮬레이션하여 엄밀한 과학적 수치로 결과를 제시한다.

# 현명한 지표 투자

**초판 1쇄 발행** 2022년 9월 23일

**지은이** 고재홍(재콩), 새로운길

**펴낸곳** ㈜이레미디어
**전화** 031-908-8516(편집부), 031-919-8511(주문 및 관리)
**팩스** 0303-0515-8907
**주소** 경기도 파주시 회동길 219, 사무동 4층 401호
**홈페이지** www.iremedia.co.kr | **이메일** mango@mangou.co.kr
**등록** 제396-2004-35호

**편집** 이병철 | **디자인** 유어텍스트 | **마케팅** 박주현, 연병선
**재무총괄** 이종미 | **경영지원** 김지선

ISBN 979-11-91328-66-0 (03320)

당신의 소중한 원고를 기다립니다. mango@mangou.co.kr